班主任带班宝典

——一线班主任的所思所想

迟金玲　刘本帅　主编

中国海洋大学出版社
·青岛·

图书在版编目(CIP)数据

班主任带班宝典：一线班主任的所思所想 / 迟金玲，刘本帅主编 . -- 青岛：中国海洋大学出版社，2022.10
　　ISBN 978-7-5670-3325-2

　　Ⅰ. ①班… 　Ⅱ. ①迟… 　②刘… 　Ⅲ. ①班主任工作 Ⅳ. ①G451.6

中国版本图书馆 CIP 数据核字(2022)第 209834 号

BANZHUREN DAIBAN BAODIAN：
YIXIAN BANZHUREN DE SUOSI SUOXIANG

班主任带班宝典：一线班主任的所思所想

出版发行	中国海洋大学出版社
社　　址	青岛市香港东路 23 号　　　　邮政编码　266071
出 版 人	刘文菁
网　　址	http://pub.ouc.edu.cn
订购电话	0532-82032573(传真)
责任编辑	邓志科　　　　　　　电　　话　0532-85901040
印　　制	青岛中苑金融安全印刷有限公司
版　　次	2022 年 10 月第 1 版
印　　次	2022 年 10 月第 1 次印刷
成品尺寸	170 mm ×230 mm
印　　张	10
字　　数	180 千
印　　数	1—1 000
定　　价	50.00 元

发现印装质量问题，请致电 0532-85662115，由印刷厂负责调换。

迟金玲青岛市名班主任工作室成员简介

主持人：迟金玲

迟金玲，莱西市实验中学教师，1993 年参加工作，从事数学教学 29 年，担任班主任 27 年。曾获得青岛市优秀教师、青岛市学科带头人、青岛市教学能手等荣誉称号。2019 年被评为青岛市名班主任工作室主持人，2022 年被评为山东省名班主任工作室主持人。

工作室成员：沙美玲，张吉洲，王淑娟，潘泽群，姜晗，朱传婷，于金，李盈波

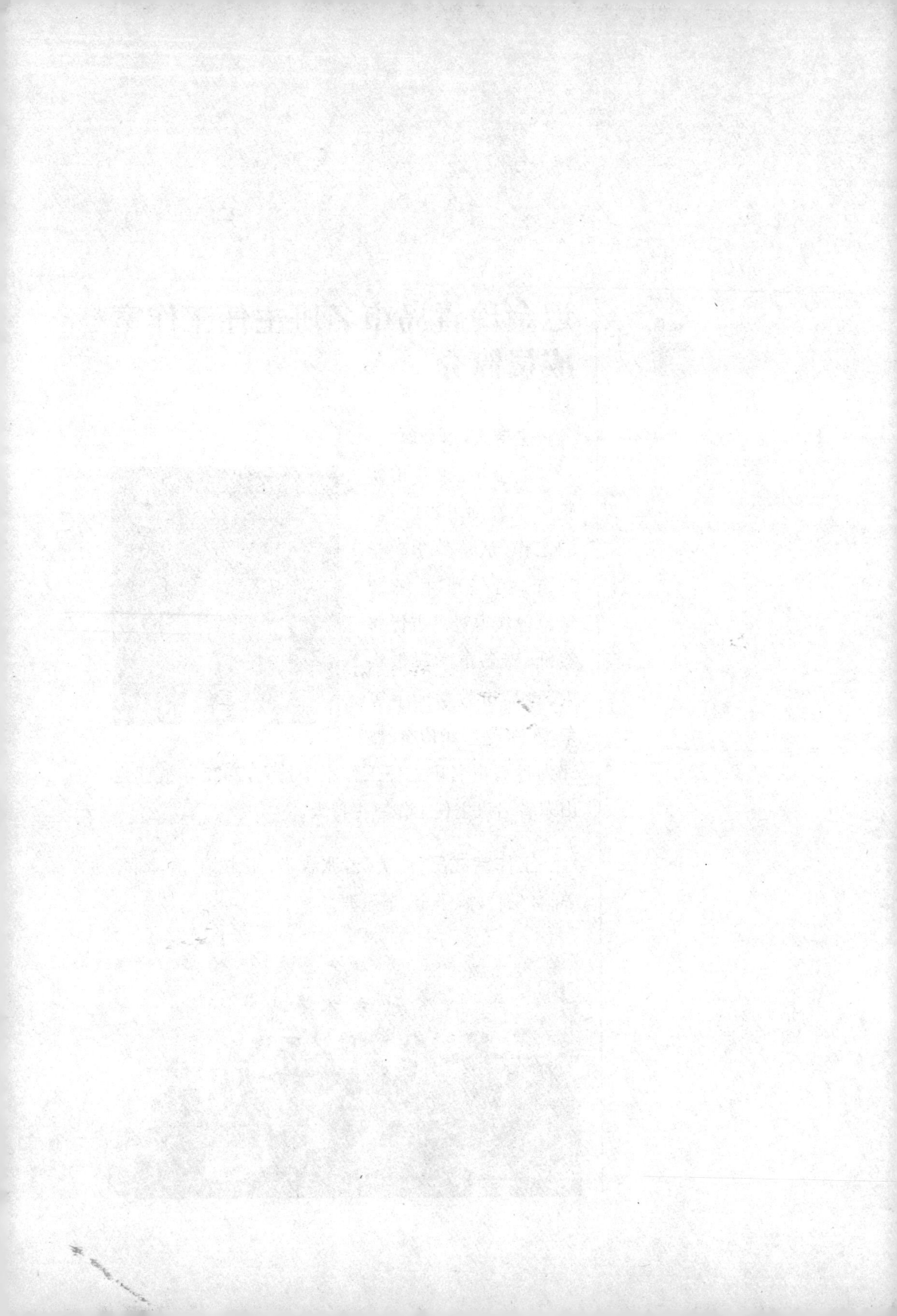

本书编委会

主　编

迟金玲　刘本帅

副主编

张峰林　于　金　沙美玲　王淑娟
朱传婷

编　委

李盈波　沙美玲　姜　晗　潘泽群
张吉洲　朱传婷　王淑娟　迟金玲
于　金

序 言
PREFACE

如果把学校比作网络系统,这个网络系统由纵横交错的各种教育教学渠道组成的话,那么班主任就是这个网络中的一个"网结"。有人形象地说:"在学校,条条渠道通向班主任。"实不为过。班主任是班级的核心,又是联络各教育渠道的纽带、桥梁,学校对学生开展德、智、体、美、劳等教育,大多要通过班主任这一关键人物去实现,班主任在整个学校中发挥着举足轻重的作用。

校会上,领导们认同班主任是学校工作的核心,学校的各项工作大多通过班主任来执行落实,班主任工作的好坏,直接影响着学校的发展。办公室内,老师们谈及日常教学,会因某个优秀班级的省时省力而心情舒畅,也会因某个后进班级的纪律涣散,疲于维持课堂秩序而心焦不已。我观察过有待改进的班级——班主任整天忙得团团转,班级中的"问题"却按倒葫芦起来瓢,这一现象很好地印证了魏书生先生的话:班级管理得不好,大家在堡垒里拼命战斗,内部先在窝里斗得头破血流,谈何发展、超越,班主任和任课老师谈何省心?

我们的工作因全面而身累,因细腻而心累,然而在与孩子们的相处过程中我们也收获了幸福与快乐。为了在班主任工作中体验到更大的幸福感,我们工作室成员愿和大家一起学习、探索提高班级管理效率的方法。

第一章:奇思妙想促发展之带班之道。

我们的工作室共九人,均为各个学校的优秀班主任。其中四位是经验丰富的资深班主任,两位是任职五年以上的班主任队伍骨干力量,两位是刚入职的新锐班主任代表。工作实践中,我们积极进取,不断探索,积累了一些班级管理的方法、妙招、金点子等。比如:班主任如何让学生"向阳而生";教师怎样"说话"学生才能"听话";"微"而有"为"的别样班会;关怀赋能,点亮心灯……

第二章:情景交融正三观之主题班会。

主题班会是班主任进行班级管理和学生教育的有效途径之一,是培养学生自我管理能力、树立学生主人翁意识、进行德育教育的重要渠道,也是班级中处理问题、开展活动最直接的方式。主题班会倡导以学生为中心,以情景为中心,以体验式活动为中心,在分析班情、学情的同时考虑学生的身心发展特点,针对不同年级的学生选取不同的内容和形式。

主题班会的内容非常广泛,常见的主题班会有以下两类:日常主题班会如学习动力及行为习惯养成类、安全类等,以及围绕相关热点新闻开展针对性的主题班会来引发学生共情,从而起到相应的教育意义。本书主要包含中小学常见的班会内容:针对青春期容易出现的早恋问题,开展"莫让情感航船过早靠岸"的活动;根据学生心理发展特点,组织"寻求破茧成蝶的密码"的活动;依据近几年的社会热点,组织厉行节约、责任与担当、致敬英雄等主题班会;还有常抓不懈的生命安全与感恩教育主题。

成功的主题班会使学生入情入境、入心入脑,能够在学生成长的道路上留下一抹亮丽的色彩,收获无数希望,变成人生道路上的点点星光。

第三章:异彩纷呈现收获之案例集锦。

班主任工作的对象是学生,学生是一个个有思想、有情感、有个性的人,每个学生都是一道风景、都是一个故事,每个学生都追求上进,渴望得到认可。当然,学生正处在成长期,性情不定,需不断地激励、引导,也需要及时地指正、引领。

班主任在教育、教学中往往会遇到许多突发事件,许多班主任对此疲于应付,忙于"救火",其原因就在于平时没有思考和总结,没有积累解决同类事件的经验。

　　本书虽没有华丽的辞藻，没有宏大的理论，却是工作室成员用思想去碰撞思想、用激情去点燃激情、用爱心去唤醒爱心、实现管理理念的融通升华、管理经验的相互借鉴、管理实践的规范提升的汇总；虽算不上鸿篇大作，但它确实凝集了工作室成员在班级管理方面大胆探索、勇于实践、潜心研究的点滴心血，昭示出工作室成员求真务实、不断求索、奋进创新的风采；虽囿于眼界视角，书中还会存在不足，但真心希望这本教育案例集，可以起到资源共享、分享经验、加强沟通、共同学习、全面提升的作用，可以抛砖引玉，实现教师之间相互交流、相互帮助、相互启迪、共同提高的目的。

迟金玲

2022 年 9 月

目　录
CONTENTS

1

第三章　异彩纷呈现收获之案例集锦

第一章

奇思妙想促发展
之带班之道

多向奔赴,师生共情

山东省莱西市实验学校　王淑娟

班主任作为教育管理中的重要角色,在与学生交流时,如果高高在上说教或批评,往往会使学生感觉自己不被理解、不被关心,会导致消极抵抗甚至顶撞反抗,并且不被家长认可,班级人心涣散,凝聚力下降。唯有放下身段,摒弃高高在上的育人姿态,深入到学生中去,深入到家长中去,构建和谐融洽的师生关系,才能做好班级工作。

一、尊重与理解,赢得学生与家长的"最大公约数"

著名教育家马卡连柯曾说:"儿童的尊严,是人类心灵里最敏感的角落,保护儿童的自尊心就是保护儿童前进的潜在力量。"本班有一学生,经常跟别的同学索要吃的,曾经被他索要过东西的同学,都见他便躲,以至于他在班级中人缘极差。得知此事后,我用心询问调查,发现该生父母离异,与爷爷一起生活,父亲对他不闻不问。老人没有经济来源,妈妈重组家庭又生活拮据,也没有多余的钱给他。在此境遇下,孩子自然就不能及时充饭卡。了解情况后,我对孩子充满了怜惜,立即拿出 100 元钱,帮他充到了饭卡里,并告诉他,今后再没钱就餐便找我,老师就是他最坚强的后盾。同时,我还针对孩子平时的表现,用心寻找他的闪光点,鼓励他不断上进,努力学习。他的爷爷知道后非常感动,并提出要把钱还给我,我婉然拒绝了。后来,他的爷爷也针对孩子的这种情况与我进行了深入交流,对我表示出极大的感激和信任。

列夫·托尔斯泰曾经说过:幸福的家庭都是相似的,不幸的家庭各有各的不幸。离异家庭的孩子确实可怜,作为班主任的我们,要给予这些孩子更多的关爱,真正了解他们的内心需求,不能让其他孩子感觉他们的与众不同,要让他们受到同样的尊重,让他们健康快乐地成长!我相信每一个孩子都是降落凡间的天使。

二、降维思考,融入"学生圈"

陶行知说过:"我们必须会变成小孩子,才配做小孩子的先生。"去年夏天的期末考试前期,看到学生为了迎战考试,夜以继日地学习。为了缓解学生期末考试的压力,作为班主任的我穿上米妮装,带上零食等小礼物,载歌载舞地走进教室,为学生送去温暖和爱心。虽然穿着米妮装影响视线,但我依然清楚地听到自己走进教室的那一刻,全班孩子激动的叫声沸腾了整个教室。摘下头套的那一瞬间,热得满头大汗的我顿时让学生泪目,学生在开心的同时收获了太多的感动。事后,一名家长对我说,下午放学后,孩子一看见她就大哭起来,说他们经常惹老师生气,可老师依然这么爱他们,不顾酷暑炎夏,不顾大汗淋漓,倾尽全力地给他们带来快乐。这种哭是感动的,是幸福的。在这次互动中,我和学生彼此收获了更深的爱。

人心是柔软的,这次契机带来了爱的化学反应。去年冬天,我在宿舍值班,因处理一个学生的突发事件,晚上11点才回到值班室,走在楼道上,我心里想:如果能有个热乎乎的被窝该多好,早知道就先插上电褥子了。令我意想不到的是,当我走进黑乎乎的值班室,便看到一个红色的小灯亮着,一刹那间我泪流满面,我知道,那是有人提前为我插上了电褥子,为我准备了暖暖的被窝。第二天,我班的一位小女孩很开心地凑到我的跟前,得意地说:"老师,我给您插的电褥子,您看见了吗?"我忍不住给了她一个大大的拥抱,连声说道:"嗯嗯!好暖和,我爱你!"听到这话,这个小女孩开心得像要飞起。师生关系也就在这样的接触中变得越发亲密。

三、双向奔赴,思家长所虑

在与家长的沟通中,共情显得尤为重要。众所周知,军训是极为辛苦,极为考验孩子意志力的活动,也是家长极为牵挂孩子的地方。同为初一新生的家长,我和众多家长一样,既渴望孩子能在军训中浴火蜕变,成长为更坚毅的优秀少年,又担心孩子吃不了苦:太阳会不会晒伤他的皮肤?孩子在烈日下站军姿会不会中暑?孩子坚持不下去的时候会不会哭?站不好队、走不齐正步时会不会挨训?……因此,我在军训期间,始终与孩子们朝夕相伴,共同完成军训科目,同时也告诉家长们,我就是全班50多个孩子的妈妈,我会始终陪着孩子们一起努力,一起成长,请家长们放心。一周下来,我和孩子们一起成长,一起参加军训会操,共同努力获得了第一名。看着孩子们拿到奖状时一张张开心的脸庞,一个个兴奋的模样,作为老师,我为学生们吃苦耐劳、挑战自我、坚持不懈的精神而感动;为他们能养成良好的习惯、拥有良好意志品质而骄傲;而我始终与孩子们坚守在一起的行为,也得到了全班家长的高度认可。这就是一个双向奔赴的结果,正是由于我的陪伴,军训取得了好成绩;正是由于我的"移情",我真正成为家长的知心人。

一位女生家长说,王老师工作踏实、敬业爱岗,每天的晚自习,不管有课没课,雷打不动来学校上班。只要学校班级搞活动,她总是陪着孩子,一起经受严寒酷暑,一起享受痛苦和快乐,因此王老师带的班级在学校的演讲比赛、合唱比赛中,都能取得第一名的好成绩。可以说,王老师对孩子是"严在当严处,爱在细微间"!另一位男生家长说:"孩子能在全新的初中生涯遇到王老师真的既是孩子的幸福,也是我们家长的幸运。犹记得去年军训的时候,炎炎烈日下王老师始终与孩子们在教官的带领下完成每一个军训项目,让我们家长发自肺腑的敬佩和感恩,这就是最好的人格教育。"

有了平视学生的眼光,有了师生的双向奔赴,学生在老师的陪伴里多了一些学业追求上的卓然之气,同学之间互相支撑,老师与家长更成了亲密的合伙人。以学生为纽带,融洽的氛围收获了累累硕果,班级在学校各项活动评比中均名列前茅:先后获得过诗词大会一等奖、"迎国庆,唱红歌"一等奖、班级规范书写团体第一名;代表学校参加全市校级合唱和班级合唱均获得一等奖,莱西市第三十一届中小学艺术节合唱初中组一等奖。所带班级多次被评为市级先进班集体。谁又能说这些不是我和学生共同的杰作呢?

苏霍姆林斯基说:教育——这首先是人学。教育是研究人的学问,是学校、学生、家长三位一体的共同体,走进学生中间,走进学生心中,自然也找到与家长同行的"密码"。在班级管理中,我让学生感受到零距离的相守陪伴,努力尝试做"阳光班主任",每天走进学生中间,用自己心中的阳光温暖学生,用积极乐观的心态让学生感受到班主任的爱意,潜移默化地让学生做好情绪管理,培养阳光健康心态。我会一直带着"爱"和陪伴护佑孩子们成长,愿孩子的远方是一片星辰大海!

你要怎么说,他们更喜欢听

莱西市城北学校 朱传婷

年轻班主任都要经历模仿－探索这一过程。一开始总是站在理论与其他教师优秀经验的基础上结合自己的性格、习惯探索属于自己的道路。一线中常见的师生关系有"权威型""民主型"。刚刚参加工作时,我的老师曾经跟我说你可以有两种选择,一是让学生怕你,二是让学生觉得"欺负"你心里还会非常愧疚,这两种都能让学生好好学。很少人能够做到第二种,所以选择第一种吧!

所以在刚参加工作时就"特意"使用第一种,在第一节课召开班会时就特意嘱咐他们"我很凶,脾气可不好,一切行动听指挥"。结果发现第一个周有用。随着时间推移,初一学生身上还稍有用处,可在初三学生面前,完全不起作用,反而有较强的反作用。此路不通,必须另寻他法。 在逐步探索中,发现会与学生交流很重要。在这个过程中也学会了各种交流的小套路。平等、智慧、有趣的沟通,能让师生之间更和谐、更融洽,往往起到事半功倍的效果。

一、于她们的所会、所能"示弱"

这个弱指的是很多事情上要学着"不会做""做不好"。强烈的责任感会促使他们"一定照顾好你，帮你把这件事情做好。"

2018年刚接手初三·三班时，因为进入新学校，对所有事情不熟悉，在开学第一天，我就在不停地"撒娇示弱"，中午吃饭怎么办、去哪里领书、值日除了室内走廊还要负责哪里……各种问题层出不穷。这反而激发起学生对我的"无奈与照顾"，几位同学有商有量，分配任务，分头行动，快速完成各项开学准备。再有就是运动会期间，我先"自我感觉不错"地和班长、体委、体育特长生讨论，言语之间让学生觉得我是相当不擅长这个事情，安排乱七八糟，随心所欲。学生很快就用"嫌弃"眼神说"看你平时不爱运动的样子，我们来吧，你就做好协调，后勤保障就行了"。运动会上发现他们真的是人才，知人善任。我才发现学生了解自己，彼此之间的了解程度远胜我这个刚做他们班主任的老师。时间久了，往往学校布置的事情我在班里还没来得及说，大家从其他班级同学口中了解到以后，相关负责的同学已经做好计划了。

有时候真的如歌中所唱"对你最好的疼爱是手放开"。初三的学生，拥有非常强的独立意识，觉得自己有能力胜任自己擅长的工作。对他们最大的肯定就是对他们的信任。在一些事情上，一定程度放手让他们尽情发挥吧。

其次，教学生"撒娇"。曾经有个学生，有次在语文课上说了几句"悄悄话"，被老师抓到了。下课后到办公室撒娇似地道歉。语文老师高高兴兴原谅的同时，还跟我抱怨："你们班这个学生情商太高了，还会撒娇，简直让我招架不住！"所以我经常跟学生说跟老师撒娇，其实就是在给老师一个台阶下。

我们就像一个大家庭，老师就是大家的家长，在家里偶尔撒撒娇会让彼此间的关系更融洽，才能达到"家和万事兴"的效果。学生往往自尊心特别强，在他们犯错误时，私聊是我们之间不成文的选择。这会帮助学生认识到自己的不理智，私下沟通学生也更放得开。久而久之不少同学都会以撒娇的方式道歉，让老师更容易接受。

二、言之有趣,言胜于颜

学生对教师的喜爱始于"颜值",终于"有趣又正直的灵魂"。曾记得我一上高中就喜欢上数学课,因为数学老师太帅了。上数学课既能赏心悦目又能学到知识,真的是"大有所获"。但是最后我却"移情别恋"了。因为班主任太有意思了,课堂轻松愉悦,涉猎又广泛,总能让我们哈哈大笑间学有所得,哪怕是训我们也"诙谐",玩笑中说到每位同学的心坎里,还从不跟家长告状。由此可以看出帅和"帅呆了"对学生吸引力的不同。

由此可见,言胜于颜,好的"颜值"可能会带来良好的首因效应,让学生快速地喜欢上你,但时间长了可能就免疫了,而言行是可以不断提升的。这就要求我们不断充实自己,不仅仅是专业知识,更要了解学生喜欢的动漫、游戏、网络用语,成为一个涉猎广泛,能融入学生圈子的人,这时候针对学生容易上瘾的娱乐如游戏、小说、短视频才能更加有理有据地加以正向的引导。无论是语言还是上课方式都可能会缩减自己与学生之间的代沟。学着走近他们,靠"有趣"吸引她们。所以老师在课堂上一定要是个多面的人,博学的、严厉的、有趣的、能开得起玩笑的。

三、"我信任你"

今年班级里有个学生经常搭话把儿,这是他在以前课堂上就有的问题。刚接手时任课老师全部反映这位同学的问题。他之前的班主任从教三十年,经验丰富,都没有给他改正过来,我觉得自己能力有限,也有点想放弃,但是自己也不能无视。就找他聊了聊,"打断别人说话是非常不礼貌的行为,如果非要说,可以等别人说完,你觉得怎么样?"结果他很坦然,无所谓地回应说"嗯"。"你知不知道自己存在这个小问题,想不想改,打算用多长时间?"结果他想了半天(其实在这个时间里我以为他是在做无声的抵抗,有点上火,幸亏忍住了),很严肃告诉我"老师,我需要七到十天慢慢改,你能不能在中间监督一下我"。我说了一句"君子一言,驷马难追,要说到做到"。结果他直视着我的眼睛问我:"老师,你相信我不?"我很肯定地回答必须的。结果出乎意料,一个星期之后就再也没有老师反映他上课的这个坏习惯。其实对于有"小问题"的学生可能要的是我们的关注、关爱、信任。对孩子的肯定与信任很多时候也是他的动力来源。可能在之前与老师交流中，因为各种各样的原因，没有从老师这里得到足够的信任，搭话只是为了寻找某种存在感。所以，即使是"面子上的信任"也要及时给予。

"亲其师，信其道；乐其道，学其道"。学生的"一点喜欢"，可能会让我们的教育事半功倍。其实无论我们怎么去交流，可能他们都会听。但是更合理、更"和谐"的沟通方法让情感与认识相互作用，能让学生更喜欢听，更愿意听。

班主任如何让学生"向阳而生"

莱西市实验中学　迟金玲

班主任的工作千头万绪，怎样让班级工作平稳有序进行，让孩子们快乐地向阳而生，是我在班级建设中追求的终极目标。通过多年的读书学习、工作实践、思考探索，我总结了以下几个方面。

一、建立良好的师生关系

谈到师生关系，大家往往想到与学生打成一片。我觉得良好的师生关系应该是亦师亦友。在处理班级事情中，讲原则，讲规矩，有威严，让学生认识问题的本质，达到教育目的。在生活中，是朋友，让学生感受亲近与温暖。现实生活中，大多数班主任严格有加，亲近温暖少之。

（一）"爱"要大声说出来

班主任在班级管理过程中，有很多能打动学生的付出，不妨大声地说给学生听，这样，师生之间的感情账号就会不断地存"钱"。爱是会传染的，当学生被浓浓的爱包围,他们也会把他们的爱回馈。爱的暖流就会在师生之间流淌。比如:疫情期间,家里电脑坏了,为了不耽误上课,我利用中午时间搬着电脑去电脑铺修理,等修理完了回来,来不及吃饭又要上课了。我把修电脑来不及吃饭又要上课的事告诉了孩子们,孩子们非常感动。在班级中,我坚持每个周的班会课一定进行"爱要大声说出来"的活动,由学生谈发现同学、老师的优点、长处,被感动的事件(这个过程中一定注意要让学生轮流说,不能只是个别同学说)。同时,作为班主任也要随时分享这样的温暖时刻。比如:当学生知道我腿疼时,在校门口看见我都会跑过来帮我拿着包、电脑,上下课时抢着给我拿书、拿水杯,班会课帮我搬凳子让我坐着……作为班主任的我也被她们细心的举动感动着。千万不要只感动在心里,更要把自己的感动之情大声说出来。

这样做不仅使老师和学生、学生和学生之间的关系更加融洽,还带动了学生向好人好事看齐,教会学生拥有一双发现美的眼睛。

(二)一定要管理好自己的情绪

我见到不少班主任在失去掌控感时特别生气,对学生进行讽刺、斥责、否定、打压,贴上负面标签。班主任在释放负面情绪时确实很减压,但一定会遭到学生的反感,进而破坏师生关系。学生犯错之后,班主任要给学生和自己一个冷静期。等到大家都冷静之后,再来陈述事情的始末,分析犯错的原因,对症下药。有时候遇到突发事件,一时难以冷静下来,火气就冒了出来,怎么办呢?通常情况下,我会明确告诉学生,我现在很生气,我很不开心。我把这几句话说完之后,心里的火气就消了一半。

(三)不以成绩论"英雄"

每接到一个新班,第一次开班会时我都会告诉学生我心目中的好学生形象:文明礼貌、有爱心、有感恩心;积极向上、有正能量。

在人人关注成绩的今天,成绩优秀的学生就成了老师们的心肝宝贝,成绩差的、调皮的学生,往往不被老师待见,他们的优点和细微的改变都会被老师忽略,更没有锻炼的机会。作为班主任的我,很重视对差生的理解与尊重,在班级管理中做到全员照顾(基本全员参与管理,均有上讲台展示的机会),班上生生关系、师生关系健康发展。

二、班级管理德育为先

班级中打架的、骂人的、顶撞老师的、不认真值日的、不上进的……在某些班级中,这样的情形层出不穷。遇到这些糟糕的情况,有的班主任往往会很生气,大声斥责:"和你说了多少次了;你怎么又这样;你再这样,我不管你了。"有的班主任不生气,盯着——太累了;忍着——无奈了;放手——自然吧。出现这些问题的原因,我想最重要的一点是班级德育教育没得到足够重视。有些班主任担心进行德育教育会影响学习,其实不然,德育教育最终目的是提高学生的思想道德水平,对学习和发展起到良好的促进作用。张洪高教授指出:道德品质的提升,能使人意识到自身对家庭、社会、国家的责任,从而树立远大理想,激发学习动机;道德品质提升,有利于增强学生克服困难的勇气和毅力,增强学习的努力程度;道德品质提升,使人际关系和谐,有利于形成良好的班风、学风,提高学习成绩;道德品质提升,使班级违规违纪问题减少,减轻教师和班主任的管理压力,把更多的时间投入教育教学中,提高教学质量。

在班级管理中怎样进行德育教育呢?

(一) 在平时鼓励中培养优良品质。

当班主任对学生做得好的地方进行鼓励时,先描述学生行为表现,再总结行为中的成长品质。中学生应该注重培养以下成长品质

成长品质
- 人格品质:(德)　诚实、感恩、责任、温和……
- 智力品质:(智)　专注、目标、自律、反思……
- 身体品质:(体)　超越、主动、勇敢、坚持……
- 艺术品质:(美)　善良、奉献、创新、欣赏……
- 劳动品质:(劳)　帮助、勤劳、自信、乐观……

例如:负责开关灯的某某同学,一个月以来,始终能坚持做到人走灯灭。这种能坚持(身体品质)、有责任心、有担当(人格品质)的小男子汉,值得大家的信任。

(二) 组织主题班会, 培养优良品质

德育之育, 关涉信不信问题, 关键点是入心。故不能强迫, 不能停留在记忆及思维的层面。因此主题班会课不能上成说教课, 要充分让学生交流、感悟、体验、碰撞, 这样才能让学生入心入脑, 心服口服。培养品质的主题班会可以选择以下主题:

活动主题	活动形式	发展性活动
责任	我好, 我们才好	手指托人
感恩	父亲节, 三好爸爸	你的十八个优点
信任	信任背摔	信任的品质
诚信	情景处理	诚信案例
专注	立硬币	任务驱动
目标	拍卖梦想	职业和能力选择

(三) 借时事新闻之东风, 培养优良品质

为培养学生的爱国情怀、无私奉献精神、责任担当意识等, 班主任可以经常播放时事新闻给学生看。比如:2020 年 6 月, 在中印边境加勒万河谷地区, 中印双方士兵发生激烈的肢体冲突。我会播放视频给学生看, 让学生讨论。在讨论、交流中培养学生的爱国精神和责任担当意识, 同时认识到哪有什么岁月静好, 只是有人替我们负重前行。激励学生为报效祖国而努力学习。在疫情期间, 我会播放最美逆行者钟南山的抗疫视频;2022 年 6 月"神十四"宇宙飞船发射成功, 我会第一时间播放视频给学生看……

三、班级实施量化管理

班级量化管理是班主任管理班级的一个重要工具。量化管理三部曲是:① 制定量化标准。② 小组自治管理, 小组之间进行量化积分。③ 对量化成绩进行奖励。

(一) 制定"量化标准"

量化标准一定不是班主任自己制定的,而是让学生在班会上讨论后班主任引导生成的。学生参与标准的制定,这本身就是个反思的过程,会让学生更了解自己的优点和不足之处。量化标准内容包括两部分:德育方面和学习方面。每部分都要有正向积分和负向积分。比如德育方面的正向积分,可以从社会公德和文明礼仪两个方面引导制定,负向积分会更具体一些:有纪律文明、就餐文明、卫生文明、行为习惯。学习方面的正向积分和负向积分都包括两部分:学习态度(课前准备、课间请教、课堂听讲、作业等)和学习结果。

(二) 分组自治管理,小组间互相量化

在分小组之前要先选好小组长。小组长规定 A、B 等级的学生自愿报名竞争上岗。每个小组 4 人。组长怎样选择组内成员呢? 我一般先让除组长之外的学生按照成绩等级站好队,每个组长在一轮中选择一个成员(组长和成员之间实行双向选择),这样分小组势均力敌,组内成员的认可度比较高,凝聚力比较强。分好小组后我会把卫生包给小组,小组进行二次分配。为督促小组工作的开展,我会在班会时让小组长在组内开会,总结小组的优缺点。小组分好后,每个小组的量化分数由其他组进行记录。

(三) 对量化成绩进行奖励

只量化评比不奖励,学生对量化分数很快就淡然了。有些老师会说,我哪有那么多钱买东西奖励学生呀! 其实不然。奖励的方式有很多,除了物质的奖励,更应该注重精神的奖励。精神奖励可以即时进行,起到的作用也是持久的,能让人终身受益。比如:① 合影,与被奖励学生一起定格那温馨的瞬间。② 评语,给被奖励学生量身定制一段精练的评语。③ 举行庆功仪式,给被奖励学生举办简短的庆功仪式。④ 突袭式报喜,在学生不知情的情况下,给其家长打个电话或发条短信报喜。除此之外,学生还非常喜欢的奖励就是:减免部分作业(这部分作业是理科的计算题或文科的抄写题。量化分数每周一次评比,获得冠亚军的小组获此"优待")。奖励不是为了给学生一时的满足,而是为了培养学生内在的、持久的精神动力,养成一些良好的习惯。为此,我在教室的后黑板

上开辟了"星光灿烂"奖励园地，每月一评，设"尽责之星""管理之星""服务之星""两操之星"等多个奖项，并张贴获奖者的照片。

一个优秀的班主任是学生灵魂的缔造者。成功的班级管理，能带领学生向阳而生。道阻且长，行则将至，行而不辍，则未来可期。作为一名班主任，我将不忘初心、牢记使命，争做新时代的大先生。

关怀赋能，点亮心灯

莱西市济南路小学　沙美玲

德国著名哲学家莱布尼茨说过："世界上没有两片完全相同的树叶。"这句话也恰到好处地说明每个孩子都是不一样的，他们都是独特的个体。教育孩子的方式也是无法复制粘贴的，需要因材施教。如何让个性鲜明的孩子都向上、向好发展呢？结合自己多年的工作心得，我认为：作为塑造人的事业，教育与关心有着深层次的契合，在班级管理中，要给予孩子们教育关怀，做孩子成长路上的引路人，引导他们树立起正确的人生目标。

2021年9月，我来到了莱西市院上中心小学支教，担任三年级四班班主任，主教数学。这是一所较为偏远的农村学校，尽管来之前我就做了充分的心理准备，但还是发现孩子们在各方面的表现都不尽人意：有的学生非常淘气，课间跑跳打闹，擅动户外测温仪；有的学生上课钻到桌子下面；有的学生不知如何与人相处，解决问题靠拳头……班级里纷扰不断，经常有学生找我告状。如何解决这些问题，营造和谐有序的班级氛围，让孩子们在课堂上拥有一双双亮晶晶的眼睛，下课后拥有一声声无邪的笑声，成为我的管理目标。

一、规范赋能,培养习惯

1. 巧用班会,提高认知

农村孩子的纯朴、天真和可爱感动着我,即便是来短暂地支教,我也秉持自己一贯的教育初衷:教孩子一天,想孩子一生。大作家巴金说过:"孩子的成功教育从好习惯培养开始。"是的,好习惯成就好人生,要改掉孩子们身上的"野"性,就要培养他们良好的行为习惯。我决定好好上一堂"行为习惯"的主题班会课。我将青岛市教育局《关于印发青岛市中小学(幼儿园)学生"十个好习惯"建议(试行)通知》里规定的十条习惯制成 PPT 课件,并配上课堂、课间、午休、上下学以及孩子在家的不良习惯视频,对学生进行说服教育,利用情境表演让孩子们设身处地地体会不同守则下我们到底应该怎么做?如:与父母如何沟通;如何做到勤读乐学;怎样遵纪守法,诚实做人、谨慎交友。孩子们全身心地投入情境中,一堂充实而深入的班会课将"好习惯"深深烙进每名孩子的心里,他们纷纷举手发言:"从今天起,告别坏习惯,做遵规守纪的好学生",并写下了"告别陋习,挑战自我"的计划书。

2. 知行合一,细节强化

好习惯不仅要刻在脑子里、心里,更要落在实处。一旦形成习惯,学生明确了行为规则,班级管理起来就会得心应手。针对这些孩子的特点,我决定对班级各项事务,包括学习、纪律、卫生、路队、上下学等进行示范培训,针对每个细节做好示范,手把手教他们做每一件事。如:桌洞里面的物品应该按大小分类整齐摆放,左侧放书,右侧放本子,中间放学具盒、跳绳等杂物;上课时课桌上的本、笔应该放哪一些;起立回答问题应该站哪边,站立姿势是怎样的,书本要怎样拿;应该如何清扫卫生,从哪里开始扫,扫到什么程度;课间应如何在走廊、校园内玩耍;上下楼梯如何走才能保证安全;午饭餐具摆放在哪……我讲解演示结束后再让孩子们做,做完后挨个检查。但这样仍有部分孩子做得有欠缺(这时我们做班主任的一定要有足够的耐心和细心,毕竟他们是一群才三年级的孩子),这种情况下我就手把手单独教,直到所有学生都按标准做好。虽然这样会花费很多时间,但第一次将标准立起来,孩子们以后就知道该怎么做。当然,只靠一开始立好规矩是不够的,需要后期长时间的训练巩固。事后我安排小组长每日负责检查纠正,长此以往慢慢就养成了好习惯。

本学期在孩子们的共同努力下,班级窗明几净,一切都井井有条,每天都让人感到赏心悦目。每次下课,随着班长一声清脆的"起立"声,孩子们都很成规矩地按照"一起、二推、三查"的步骤来做(这是我们班级下课"起立三步")。"一起"是学生共同起立;"二推"是把椅子整齐地推到课桌底下放好;"三查"是把上课用的学习物品整齐地放入桌洞,并检查属于自己防区的物品、卫生是否整齐干净。正是由于常规管理做到了细、实,班级秩序逐渐变得井井有条了,学生的活动和学习也有了良好的保证。

所谓"窥一斑而知全豹,落一叶而知秋",细节决定成败。很多时候,一件事的成败,并不败在能力上,而是败在细节上,只有把细节做到极致,才能更接近成功。班主任要做好孩子们的引路灯,告诉每一个孩子要做什么,为什么这么做,再教给他们怎么做,这些看似琐碎的事情会让他们受益终生。

二、奖惩赋能,激发兴趣

好习惯的养成跟上合理的奖惩制度,效果会事半功倍。一个班级,只要这个班级制度能激发班级孩子学习、生活的兴趣,那就是适合的,就是最好的。首先,我给每个孩子设计了一棵大树,起名为"成长树",要求他们在整个学期要用心来呵护自己这棵树的成长,先用 5 次满分来给大树干涂上棕色,再 5 次满分给大树叶涂上绿色,涂完本棵树的六片树叶,再 5 次满分得到一个苹果挂在树上,到本学期末,谁的苹果数量积累得多,谁就被评为"三好学生",并得到相应的奖品。当然,这里的满分不是指的考试满分,而是在学习生活中达到一定要求的包括德、智、体、美、劳各个方面的一枚特定小奖章。奖惩的目的是让优秀的学生跳一跳就够得着,让后进学生使劲踮起脚尖也能够得着,使每个学生都享受到成功,并能体会到成功的乐趣。如:上课铃声响起,马上进教室坐好,并提前准备好本节课所需要的学习用品,静候老师上课,奖 1 枚奖章;课堂上认真听讲,积极回答问题者,奖 1-2 枚奖章;认真完成家庭作业,且书写正规,奖 1 枚奖章;课间安静有序、不喧哗,奖 1 枚奖章……当然,如果孩子们违反了班级制度也会扣掉相应的奖章。

这些奖惩制度实施后,班级面貌发生了翻天覆地的变化,孩子们的积极性被调动起来,每天来到教室总能感受到:课上孩子们认真听讲的姿势,响亮回答问题的声音;课间孩子们安静有序;上下楼梯右行礼让,同学之间友爱团结等……

那次我上完数学课后,一下课,就有一个小男生跑到我跟前,有点羞涩地望着我,"老师,我好想抱抱你!""为什么呀?""因为光今天上午我就得了2枚小奖章,我爱你!"噢,我想起来,因为课间纪律好和课堂认真听讲,我奖了他2枚奖章。我赶紧张开双臂,紧紧拥抱了小男孩一下,并贴近他的耳朵鼓励他"加油!"孩子用力地点点头。要知道,这个小男孩以前可是班级里公认的"捣蛋鬼"。可见,每个孩子都渴望被老师关注,渴望得到老师的赞赏,只要我们用心寻找打开他们心灵的钥匙,相信他们就会给我们一个灿烂的改变。

班主任是学生心灵的点灯人,不但要教好所任教的学科,还要培养一个健康向上的班集体,使每个学生德、智、体、美、劳等方面都得到充分发展,具备良好的个性品质。每一届学生都是最美好的遇见,只要我们保持童心,拥有爱心和责任心,一定会创造出美丽动人的教育故事。我们要紧跟时代的步伐,不断更新教育理念,理解尊重孩子的天性,做新时代的大先生,赋予孩子前进的动力,为梦导航。

班主任的幸福感言

莱西市济南路中学　于　金

有人说:班主任是全天下最小的官职,却管着天下最多的事!真的,20年的班主任经历,我确实体会到班主任工作的冗杂、烦琐。苦过、累过、怨过,但回想起来,更多的是满足和欣慰。一句话:累并幸福着。

我把自己的班主任经历分为两个阶段:35 岁之前,用青春和激情当班主任;35 岁之后,用理念和智慧当班主任。两个阶段都让我收获了满满的幸福感。

我刚毕业就分配在莱西市第二中学,那时的二中处于鼎盛时期,成绩相当辉煌,当领导找我谈话让我当班主任时,我是退缩的,因为我没有经验,甚至连教训都没有。老领导的三句话令我至今记忆犹新:第一句,不当班主任的老师这辈子是遗憾的;第二句,年轻时的每一分付出、每一分努力、每一分艰辛都将成为你的资本;第三句,管理班级的方法千千万,但最好的方法就是靠班。于是我成了二中历史上第一位女班主任。一方面耳濡目染前辈们的踏实、勤奋、智慧,另一方面不懂就问,最重要的是天天靠班。凭着青春和激情,我的班主任工作开展得有声有色。

在这个过程中,我学会与学生深度交流,学会协调任课老师,学会站在家长的立场与他们沟通,调整频率与他们产生共振。所以在结婚后与老公、父母、公婆、兄弟姐妹及周围人交往时也少了一份埋怨,多了一份宽容;少了一份苛求,多了一份理解;少了一份指责,多了一份尊重。我不仅收获了一批又一批孩子及他们的爱,更重要的是心胸变得越来越宽广,收获了幸福的家庭生活。家人经常幸福着我班的幸福,快乐着我班的快乐。

慢慢地我形成了自己的带班理念:由面及点,三剑合一。

面,指的是抓好班风。班风代表班级舆论,良好的班风是无形的动力,它能促使每个学生自觉学习、积极参加各种活动,从中得到全面发展。在这个前提下再抓个别学生、个别行为(即我所说的"点"),会事半功倍。三剑合一,是指管理班级时要班主任、任课教师、家长三方联动,形成一股强有力的教育合力。

初接初三·六班,我便召开主题班会,给孩子们描述我的理想班集体的三个特质:学习勤奋、身体健康、一身正气。

第一环节,我让孩子们探讨这三个特质的合理顺序。孩子们达成共识,合理顺序应该是:一身正气、身体健康、学习勤奋。

第二环节,我让孩子们讨论如何做好这三方面。孩子们畅所欲言:上课好好听课,课后认真作业,锻炼身体,要敢于同违法乱纪行为作斗争……孩子们对这三方面的认识是粗浅的、零散的。我对孩子们进行了引导:一身正气,是一种情操,一种责任,体现为坚守原则,坚守正直,坚守规矩,对我们而言,重要的就是要培养优秀品质,这其中最重要的就是要有一颗火热的爱国心。身体健康,一是要合理饮食,不吃垃圾食品,少喝甚至不喝饮料;二是要加强锻炼;三是要学会多与家长、老师、同学交流沟通,注意心理健康。学习勤奋,我从课堂听课、课后作业、抓弱补偏进行引导,并让孩子们明白"锲而舍之,朽木不折;锲而不舍,金石可镂"的道理。

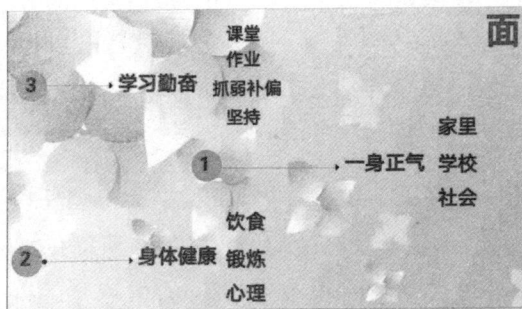

第三环节,我让孩子们针对三方面自我反思并写出本学期的计划。

接下来我和家长、任课老师们一起用不同的方式强化孩子们的正气意识、健康意识、勤奋意识。

六班的班风正了,学风浓了,我每天最大的享受就是欣赏并体味孩子们身上满满的正能量。

我每天把孩子们上课认真听讲、积极发言、认真整齐的笔记拍下来发到家长群里,把课间孩子们讨论问题、交流思想、与老师热情交谈的场景发到群里,把跑操时整齐的步伐、震天响的口号发到群里,也把不认真听课、不认真的作业私聊到相关的家长……家长们在家也能及时准确地把握孩子成长的脉搏。我也经常让家长们、老师们针对孩子们出现的问题,录制家长寄语、老师寄语的小视频,集中起来利用班会课播放,一些孩子不愿听的唠叨,此时能欣然接受。渐渐地,我们班形成了强有力的教育合力,从而有的放矢地教育孩子,引导孩子循着正确的人生轨迹良性发展。

生活中处处是智慧,我也一直在探索管理好班级的教育智慧。

一是,引入竞争机制。我把班里的学生分成九个小组,兼顾学习成绩、遵规守纪的表现、男女性别等诸多方面。让各组自己选举能够带动全组同学工作的组长。其次,宣布竞争的项目。各组得分情况每天放晚学时公布一次,周末进行评比、总结、奖惩。奖励第一名、第二名的小组全体成员和第三名、第四名小组得分最高者,惩罚第八名第九名的小组全体成员和第六名第七名小组得分最低者,周日早晨早起跑马拉松。这样,不但每个学生的积极性被调动了起来,家长们也时刻关注小组动态。全班同学都处于一种不甘示弱的竞技状态中。

二是,学习上师徒结对。学生自行选择师傅,并制定师徒职责。老师指定奖惩措施。师父们耐心指导,徒弟们虚心学习,形成一种良性的竞争氛围。

三是,用故事说理。班级管理中经常有这样的情况:有些孩子脾气很倔,你越批评他,他就越叛逆,就像一个皮球一样,你拍得越重,他弹得越高。有时候即便表面上口头接受,行为上却不见悔改。我利用孩子爱听故事的天性,引入"故事"这一活水,寓"训"于"乐",收到了意想不到的效果。如在引导孩子如何抓弱补偏时,我讲了我学生的故事:高中时,数学三角函数那一章没学好,考试几乎不得分。她就自己去买数学复习资料专门做三角函数那部分的题,不懂就问。在做完第七本资料的三角函数的题以后,她所有考试卷子上的三角函数题再也没有丢过一分。孩子们听完故事后知道:要补好弱科,一要多做题,多总结;二要多问;三要持之以恒。故事,既可以是自己的,也可以是别人的;既可以是真实的,也可以是虚构的;既可以是小人物的,也可以是名人的;既可以是过去的,也可以是有时政意义的……总的原则是:应景,有说服力。

四是,善用"雕虫小技"。针对班级学生跑完操回教室不积极的情况,我设计了"书柜探宝",每次跑操前,我会在书柜的格子里放不同的小礼物,先到先找先得。孩子们为了得到礼物,每天下操后总是百米冲刺的速度回教室。在落实孩子们要"发不过眉"这项规定时,我跟孩子们说:从生理学上讲,人的皮肤特别需要呼吸,特别是脑门上的皮肤,如果头发遮住了皮肤,就容易长痘痘;从医学上讲,头发一旦盖过眼睛,就影响视力;从风水学上讲,人的脑门就是人的财门，头发挡住了脑门，就是挡住了财门。孩子们听完哈哈大笑，但至此后，我们班孩子的发型全部符合规定……魏书生曾经说过，当好班主任，乃"雕虫小技"。乍一听，有些妄言，实际上体现的是他高超的班级管理技能。孙子曰，兵者，诡道也。班级管理中，一些"雕虫小技"确实功不可没。

每每此时，作为班主任的年轻感、胜利感、喜悦感、成就感、价值感就油然而生。我想这也是班主任的幸福源泉。

当然，不论我们采取什么样的有效措施，孩子们的转变都不是一朝一夕的事，特别是学困生，他们多数不是能力问题，而是态度问题，我时常告诉自己要坚守，正所谓"道虽迩，不行不至；事虽小，不为不成"。作为班主任要保持一颗平常心，坚守一方属于自己的精神家园，于平淡无奇处润物细无声，用爱心去浇灌、用细心去呵护、用耐心去坚持，成就孩子的同时也就实现了自己的价值。

最后用习近平总书记的一句话自勉：守好一段渠，种好责任田，收获幸福人生！

打造优秀班集体三部曲

莱西市实验中学　潘泽群

班级就是一个小社会，要让这个小社会按部就班地持续良好运转，那么班主任工作的重点就是思想教育。要知道，学生抗拒的往往不是我们给他的内容，而是我们给他的方式。班主任就像驾驶轮船行驶在大浪中的掌舵人，只有不断搏击，谨慎驾驶才能避免被巨浪吞没。班主任要理解学生，顺应学生，最后要有能力改变学生。教会学生怎样做人，筑好了思想教育这一工程，知识之树也就枝繁叶茂了,也就水到渠成了。

一、日常管理是基石

在开学的 1 个月左右,学生们面对新环境、新面孔,要迅速融合成一个新的班级,还是会有所拘束的。而在这个时候班主任想迅速建立好一个班风、学风优秀的班集体,需要做到以下几个工作:首先就是对学生们进行充分了解,比如利用班会课让学生为自己写介绍信,内容包括自己的兴趣、爱好、家庭情况等。这样能初步了解学生的基本特征和性格特质。其次,课上、课间多走进教室,多留心观察学生的表现,进一步了解学生们的情况。同时,为了消除班主任的陌生感,慢慢走进学生的心里。在此期间,可以进行小组建立、组长选举等。

经过一段时间细致的了解,班主任就可以开始建立一支风清气正的班干部队伍。我们都知道班干部是班主任和学生联系的桥梁,可以说班干部的精神面貌对整个班级的班风有着很大的影响。很多班主任在选班干部时,总是思维定式,喜欢让成绩好的学生担任各种班干部,成绩优异的学生不一定是最适合的,所以在遴选班干部时,班主任最应看重的是孩子的责任心,可以采取班级选举和参考任教老师推荐等方法。只有那些有责任心的班干部才能真正成为协助班主任管理班级的得力助手。

为了方便班干部开展工作,履行自己的职责,班主任必须要在全班学生面前树立班干部威信,班干部队伍建立以后不能只是使用,还应该进行教育和培训。比如说,安排学生打扫卫生是卫生委员最头疼的事情,有的同学不肯打扫,有的同学只是装装样子,我知道后跟他一起分析原因,重新安排,实行区域承包制,责任到人,谁出了问题谁负责。这样一来,学生打扫卫生的自觉性和认真程度都有了很大的改变。每周定期让班干部们聚在一起交流工作经验,提出遇到的问题,商量解决的办法,相互取长补短。

俗话说,无规矩不成方圆。有了良好的队伍还需要适合的班规,才能更有效地管理好班级。班规的内容要少而精,可操作性强。制定班规不能全是班主任的一言堂,最好能够利用班会课学生和老师一起讨论出结果。这样也能让学生参与到班级管理,从而增强班级的凝聚力。而班规主体内容要围绕着"学习""生活"两大主题,同时必须在每个主体内容中渗透德育教育。最好引导学生把个人的目标与班规相结合,鞭策并激励学生。需要注意的是班规并不是单纯的惩罚学生,还需要利用奖励机制激励学生。比如:可以利用加分制,每周总结一次,给优秀的小组颁发小礼物作为奖励。同时,对落后的小组给予适当的惩罚。

二、习惯养成是内核

良好的习惯是成功的开始。学生进入初中阶段,课程增多,学习任务加重。学科内容难度增大且常识性知识越来越少,知识的严密性、逻辑性却越来越强。因此刚进中学的学生,既感到新鲜又感到不适应,与此同时,随着"双减"政策的落地,作为班主任,更需要培养学生良好的学习习惯。主要的方法有以下三种。

"细",班主任对于学生的学习管理事无巨细。课前学生的准备是否充分,是否拿出课本,有些任课老师布置了预习作业,是否按照要求完成;课间要多去班里走动,观察学生的行为习惯。辅助班委进行纠正管理;课后作业的完成质量是否达标等。

"严",班主任在学期之初,一定要对学生严格要求,督促他们养成好的习惯。

"靠",班主任在没有课的时候需要多走进班级,及时了解学生的情况,做到"靠班勤"。

作为班主任,除了在学生学习习惯的培养上要多下功夫以外,还需要在行为习惯上多上心。叶圣陶先生说过:"好习惯养成了,一辈子受用,坏习惯养成了,一辈子吃它的亏,想改也不容易。"习惯伴随着人的一生,影响人的生活方式和个人的成长道路。

在学生行为习惯培养中最主要的就是纪律、卫生这两个方面。很多班主任常为此觉得头疼。因为无论是纪律习惯还是卫生习惯都是一个逐步养成的过程,需要时时督促,细细留心。其实,作为班主任,可以培养好班委,让他们成为自己得力的臂膀。首先定时召开班干部会议,古人云,"其身正,不令而行,其身不正,虽令不从"。班干部想要管理好全班的同学,就要管理好自己的言行,在同学们中树立榜样,以身作则,率先垂范。如果班干部自己都没有遵守好班规,同学们就有了违反纪律的借口,这样影响会非常不好。为了加强班干部的管理,第一,班主任要对班干部进行内部分工,让每一个班干部明白自己的岗位责任,加强对班级纪律管理知识和要求的培训,让班干部感觉到自己是有料的,与众不同的,管理起来有自信。第二,落实小组加分制,组内组间进行评比。通过落实班规的奖惩制度,督促学生积极进取。第三,要充分发挥"榜样的力量",要从班主任自身开始身体力行,身教重于言教,班主任自己就要守纪律、懂礼貌,否则学生就会不服气。所以班主任必须事事处处以身作则,以自己的行动潜移默化地影响学生。第四,学会"赏识教育"。美国心理学家威廉·詹姆士说过,"人类本质中最殷切的需求是渴望被赏识。就无形生命而言,每个幼小的生命仿佛都是为了得到赏识而来到人世间。孩子渴望得到父母的认可,学生渴望得到老师的欣赏"。从本质上说,赏识就是一种激励。尤其是对初中的青春期学生来说,经常会容易产生偏激心理甚至自暴自弃,在此可以多利用赏识教育。多赞美、表扬学生身上的优点,慢慢增强学生的自信心,增强学习的动力。

除了良好的学习习惯和行为习惯,最重要的就是德育教育了。怎样让班主任的德育教育更加有实效性呢?第一,拒绝满堂灌的大道理式讲述,学生容易对此产生厌恶感,再好喝的心灵鸡汤也有撑着的时候。班主任可以利用新媒体多传递当今社会的热点新闻和热点事件,比如2021年"建党百年""新疆棉事件""东京奥运会""神州十二飞天任务"等,在课堂中进行讨论,从而给学生启示性教育。同时,班主任要多留意班级里的同学,从班级里的点滴去发现具有闪光点的学生,以此来渗透学生的德育工作。第二,多组织并参与学校活动。无论是各种比赛还是研学,在活动中都可以进行德育教育,逐步使学生形成正确的思想观念,进而养成良好的道德品质和行为习惯。

叶圣陶先生说"教育就是培养习惯"。在习惯养成的过程中,"坚持"两个字说出来简单,但真正做起来却是比登天还难。这一点对于尝试减肥的人来说,一定非常深刻。所以,学生习惯养成的路上,班主任要多用耐心、爱心、鼓励、表扬等激励孩子的自信心。罗马不是一天建成的,习惯也是需要等待沉淀升华的。

三、个别教育是保障

班主任在接手一个班级后,固然要把主要的精力放在建立和组织班级集体上,并通过对集体的教育去影响每一个学生,但是对个别学生的教育仍不能忽视,因为一个班的学生数量较多,他们在思想、品质、智力、性格等方面总是有差异的。要使他们每一个人都能在各自的起点上有所提高,只靠集体教育去影响学生个人还是不够的,这个时候还需要个别教育做保障。

有人认为,个别教育仅仅是做后进生的转化工作,这种观点过于片面。个别教育不但包括后进生的转化工作,还包括促进中等生和优秀生的发展等。

1. 优等生的榜样树立

这样的学生一般学习做事积极主动,自尊心较强,对自己充满信心,有强烈的荣誉感,较强的超群愿望和竞争意识。不足是容易产生优越感,容易滋长自满情绪,因好胜心太强而导致嫉妒心太强等。针对优等生的这些心理特征,班主任在进行个别教育时,可以注意以下几点:

(1)严格要求,防止自满:优等生上进心、自尊心强,富有荣誉感和进取精神,学习和工作能力较强。因此,我们不能以对一般学生的要求去要求他们,必须不断地、适时地向他们提出更高标准的要求,使他们奋斗不止,引导他们追求更高的目标,更上一层楼。如果按照一般学生的标准来要求他们,会使他们不能充分发挥自己的潜力。

(2)不断激励,提高抗挫折能力:优等生的积极因素在他们身上固然占主导地位,但他们并不是十全十美的人,总是或多或少隐藏着一些不易被人发现的消极因素。因此,我们要因时制宜,善于发现消极因素,要善于引导他们多去了解自己的不足,设法帮助他们改正。

(3)消除嫉妒,公平竞争:处于初中阶段,优等生常常会受到其他学生的羡慕、嫉妒甚至打击诽谤,一些调皮的学生经常会让他们给自己做作业甚至窃取他们的学习用具等。大多数的优等生面对这样的情况会不知所措,不敢告诉老师,只能自认倒霉,严重者从此一蹶不振。因此,班主任需加倍细心,在做学生思想工作时多花力气,尽力帮助,尽量为优等生的进步排除不良干扰。另外,家庭社会复杂情况有可能影响到优等生的发展,教师还得经常性地与家长取得联系,知悉他们的课余表现,以便合理引导。

（4）发挥优势,带动全班。火车跑得快,全靠车头带。通过认识古往今来的少年英才,以及对自己求学过程中成功经验与失败教训的冷静分析,通过各种课内外的实践活动,正确全面地认识自己,进而有针对性地发展自己。

2. 中等学生的目标树立

这些学生在班级表现虽不突出,但也很少惹出麻烦,成绩中等,既不会让老师特别欣赏,也不会因为成绩太差,从而引起老师太多的关注,所以他们会成为被老师忽略的一个群体。作为班主任,一定要明白,这些人才是班级的中坚力量,也是班级中最有潜力、最值得挖掘的一个群体,他们渴望老师的关注和爱。班主任要经常关注到他们,多给他们鼓励,促进他们不断进步,迈进优等生的行列。班主任在个别教育时,可以注意以下几点:

（1）目标激励。绝大多数的中等生,往往离所要求的冒尖水平,还有一点距离,因而中等生几乎与奖励无缘。他们缺乏追求的目标,缺少上进的动力。针对这一情况,可以在班级中设立体育标兵、文艺能手、劳动能手、进步典型等单项奖励,让中等生有更多的目标。这样激励中等生,会使他们感到只要努力获奖也并不难,有利于调动中等生的积极性,激励他们不断上进。

（2）值日班长轮换。班干部往往是优等生的天下。班主任如果能实行值日班长轮换,会使中等生获得较多发展自己的机会。值日班长的轮换,有利于形成人人争做班干部,人人会做班干部的氛围。值日班长的轮换,不但使大多数的中等生有机会施展自己的才能,而且班级工作也可以得到创造性的发展,可以较好地锻炼中等生的工作能力,增强班级学生的团结合作意识。

3. 学困生的信心建立

马卡连科说过"没有爱,就没有教育"。教育要以宽广博大的胸怀面对后进生,要给他们以真诚、纯洁、无私的爱,要给他们更多的关心、帮助和鼓励。在转化后进生过程中,我们不仅要摸清后进生的致差原因,而且要知道后进生们并非什么都差,在他们身上肯定有很多优点。我们不仅要与后进生建立一种和睦可亲的关系,使后进生消除生疏感、惧怕感,感到教师可亲可敬,而且要善于捕捉他们身上的闪光点,对他们的长处给予肯定、给予赞扬,并给予他们以充分的信任，以保持和挖掘他们强大的内驱力。

转化后进生是一种长期的投资，不同于工厂生产产品，不能一蹴而就，企求短期见效。开展这项工作，首先需要教师有忍耐心，要打持久战，千万不可急躁、粗暴。在转化后进生过程中，常常会出现这种情况，我们对后进生做了许多工作，花了许多时间和精力，但转变却很慢，收效甚微。这时如果缺乏耐心，就会心烦意乱、焦虑不安、容易泄气。每当遇到这种情况，作为教师必须要先稳住自己的情绪，要明确：事物都是由量变到质变的，量变是漫长的、曲折的，量变到了一定的程度才能引起质的飞跃。后进生的基础差、起步小、与优等生的差距大，哪怕是点滴的成绩和进步都是来之不易的，我们都要及时加以肯定，帮助其建立信心。事物都是一分为二的，尺有所短、寸有所长，每当学生有所好转，哪怕是微不足道的，我们都要善于捕捉、善于发现，让差生在黑暗中看到光明。

为山九仞，功亏一篑。做后进生的转化工作，最容易出现的问题是半途而废，让后进生继续老牛拉破车，仍旧破罐子破摔。我们对后进生的转化首先要具有十足的信心，无论是对自己还是对学生都要充满信心，后进生的转化和进步是不会一帆风顺、事事如意的，总是一波三折、螺旋式上升的。所以在转化过程中，出现反复是正常现象，教师大可不必为此拍案而起、怒发冲冠，大可不必心灰意冷、悲观失望，而应该冷静对待、正确引导。要保持一种常态心理，与学生沟通，并建立友谊，用教师那博大的胸怀给后进生以宽容和谅解。苏霍姆林斯基说得好：要知道孩子是不会故意做坏事的，如果教育者硬认为孩子有这种意图，是蓄意干不良行为的，这就是教育上的无知。这样在教师竭力"砍掉劣根"的同时，把所有的根子都砍掉了。结果使他们生机勃勃的幼芽枯萎了，因此学生在犯了错误之后，在对他们进行教育的前提下，还应当给他们松绑，给他们一个悔改的机会，使他们逐渐进步。

总之，方法用对了，我们在班级管理中就可以做到如鱼得水，事半功倍。

携手共育,温暖前行

莱西市济南路小学 沙美玲

随着"双减"政策的落地,家长不再过度焦虑,家庭经济负担减轻。但让孩子"追梦",这是永恒的教育命题,不应该因为"双减"而放弃,如何在"双减"下让学生"追梦",成为教师、家长面临的问题,最理想的状态是合二为一,成为合伙人。因为一个班级要成长,离不开家长的大力配合。把家长变成班主任的合伙人,需要每一个班主任睿智地思考合理的方法。我国台湾作家张晓凤的散文《我交给你们一个孩子》里有这么一段话:"世界啊,今天清晨,我交给你一个欢欣诚实又颖悟的孩子,多年以后,你将还我一个怎样的青年?"是啊!家长把自己捧在手心里的孩子交给了我们,他们也期待自己的孩子在学校里能健康成长,并在健康成长的基础上学业有成。我想大多数家长也是在心里志忑如何与自己孩子的老师来搞好关系,那么如何将家长变成自己的合伙人,一起为班级的发展献力、献计、献策呢?

一、首先要取得家长的信任

怎样与家长产生相互的理解,让家长心甘情愿地与你携手共同参与班级的活动,共同教育孩子。

1. 亲近、尊重家长,加强沟通

既要重视与单个家长交流,更要重视与整班家长沟通,让他们及时了解学生情况,知晓班级发展轨迹。像2022年开学初,由于疫情的原因没有办法进行面对面家长会,所以只能通过钉钉开网络家长会。我知道这是唯一能让我与全体家长沟通的大好良机,建立良好的关系,一定能得到家长的认同和支持。我细致地准备了本次班会课,会中我把自己的要求明确告知家长,寻求家长理解与支持,并针对现阶段孩子可能出现的问题及应对策略与家长进行了沟通。其次开学初我便以表格的形式摸清了本班孩子的家庭状况,对于每个学生的家庭状况详细记录并了然于心。一有机会,特别是发现了每个孩子的优点、特长,我就会通过电话、微信及家访等形式汇报给家长,遇到孩子身体不舒服,或从孩子嘴里知道家里的一些近况,我会及时送上关怀与安慰,因此也拉近了与家长的距离。

2. 顾及家长的感受,提出合理建议

针对孩子出现的问题与家长沟通时,老师要顾及家长的感受,不能一味地向家长告状,只反映孩子在校表现中不好的地方,而是要先跟家长说一说孩子表现不错的地方,再适当指出有待改进的地方。因为任何一个家长都希望自己的孩子是老师眼中的优秀学生,老师先对孩子的表现给予肯定,能让家长感到无比的欣慰,也能更加仔细地聆听老师反映孩子的不足之处。而且任何一个孩子都有闪光点,老师主动跟家长交流这些内容,能让家长感受到老师对孩子的关注,增加对老师的信任感。此外,老师向家长指出孩子存在的问题时,必须注意措辞,不能把孩子说得一无是处,也不能把责任都推到家长头上,而是要指出孩子有很大的进步空间,并强调家校合作的重要性,这样就能激发家长配合老师工作的积极性,更好地信任老师并督促孩子按照老师的要求作出改变。

二、留心细节,抓住机遇

1. 机遇是指那些能影响班级发展的时间节点

比如一年级新生入学之时、六一儿童节、除夕、每次期末考试等,班主任将对班级情况的观察、对教育的理解,对学生真切的关爱写进一封封信中,让家长理解班主任、理解班级工作,力争赢得他们的信任,并且配合支持学校的工作。

2. 热情邀请家长参与班级管理,集思广益打造班级建设

家长中藏龙卧虎、人才济济,作为班主任要善加利用,工作起来才会得心

应手。每接一个班级,我会事先摸清情况,放低姿态,力邀每一位有才能的家长参与到班级管理中来。比如:邀请有美术功底的家长参与设计班级的黑板报、文化墙;六一儿童节邀请有音乐才能的家长参与排练、化妆等;邀请医生家长进课堂进行防溺水、交通等安全教育;学校开运动会邀请家委会参与学生纪律、安全、卫生等方面的管理;班级中的安全提醒、路队护岗等等都邀请家长参与进来。家长们非常乐意为我们班级做这些事并觉得很有面子,孩子心里也特别高兴。 师生关系、家校关系一天天融洽起来,我也因此事获得了一个好口碑:"这位老师实在、专业。"慢慢地有很多家长也主动打电话,或是为孩子的学习,或是为隔代之间的教育问题,抑或给班级管理提建议等等……慢慢地与家长之间的关系越来越和谐,班级管理工作也就越来越得心应手了。

三、换位思考,推己及人

"己所不欲,勿施于人",孔子的这句名言告诫我们遇事要"换位"思考。

1. 假如我是家长——与家长换位思考

生活不易,每一位家长不光要教育孩子,也需要工作,一遇到事就请家长立刻来学校处理,不光训斥了孩子,连带训斥了家长,反而因小失大,不仅失去了家长的支持、信任,也失去了自己的信誉。要理解家长那种"望子成龙""望女成凤"的心情,并清楚地知道作为一名教师的职业素养,懂得哪些事情该做,哪些事情不该做,如何做才能取得家长的信任。所以不要随意请家长来学校接受训斥,遇到特殊事情要特殊处理。我始终相信,一把钥匙开一把锁。每一个孩子总有一种适合他的教育方法,学着与家长换位思考,多请求少命令,多支招少归因,只有这样家长才会义无反顾与你携手做好孩子的教育。

2. 假如我是孩子——与孩子换位思考

陶行知先生说过"我们必须变成小孩子,才配做小孩子的先生"。教师的许多麻烦都源于成人的"以己度人",把自己放在高高在上的位置,忘了学生毕竟是学生,只有常常想想自己的学生时代,保持一颗童心,与学生换位思考,学会用学生的心灵去感受,用学生的大脑去思考,才能真正地理解他们,才能有效地进行管理。

家校关系是一门艺术,是我们做班主任一生的必修课,随着不断变化的时代和对象,教师要拥有敏锐的观察力,沉着思辨的智慧,与家长携手形成教育合力,整合教育资源,促进学生健康全面发展。

浅谈"班级的软管理"

莱西市实验中学　迟金玲

斯宾塞在《教育学》中曾指出:"记住你管教的应该是养成一个能够自治的人,而不是一个要别人来管理的人。"提高学生的自律性,让学生在学习中产生内驱力,这是我们班主任管理的终极目标。为提升学生的内驱力,助力学生在思想品德等各方面的成长,我们可以尝试利用软管理的手段,作为对硬管理的一个有效补充。

一、你会"鼓励"学生吗?

1. 频繁否定的危害

教育家杨杰说过:"父母对孩子的不断否定,……老师密集地给孩子精神上的否定,同样让孩子陷入深深的无力感,这是对孩子精神世界的电击。"

常常听到有些老师这样指责学生:"我都给你讲了多少遍了,你怎么还学不会?""没见过你这么笨的!"……孩子在一次次地被否定中,逐渐对自己失去了信心,放弃了努力,选择了躺平。

有些班主任,在管理班级时往往采用木桶原理,瞪着一双大眼睛,专门盯着班级内不好的现象,好像把这些都改变好了,班级就会优秀起来。这样的班主任,进入教室看到的都是个别不好的现象,然后在班级中劈头盖脸地斥责、批评一通。频繁地斥责与否定,学生自然而然就会产生抵触情绪,甚至有的干脆听而不闻,视而不见,有的干脆跟班主任对着干,长此以往,谈何班级的凝聚力?

2. 让学生在鼓励中成长

作为班主任,积极的鼓励会鼓舞学生的斗志,培养学生的自信,指引学生前进的方向。

那么,你会"鼓励"学生吗?老师们说,这还不简单,"你真聪明!""你真棒!""我为你感到骄傲!""你今天真漂亮!"……

以上这些都是表扬的话语,不是鼓励。表扬针对结果,一开始这样的表扬有效,时间一长就失效了。而鼓励通常是这样的:我很喜欢你解决问题的能力,期待你的下次表现(肯定解决问题的能力);感谢你的帮忙,对我很有帮助(肯定乐于助人的品质);你尽力了,而且一直在坚持,我对你很有信心(肯定坚持的品质);没关系,下次加把劲……心理学大师阿德勒指出,表扬和批评,跟孩子建立的纵向关系,背后的目的是试图操控孩子,表扬给孩子带来的长期教育效果是:依赖于他人。只有得到别人的认可时,才会觉得自己是有价值的;而鼓励更利于建立平等且稳定的横向关系,鼓励带来的长期教育效果是:让孩子变得自立自信,产生内驱力。

在班级管理中使用鼓励的三个步骤如下。

1. 在班级的不完美中,寻找积极的一面

我们对班级的管理普遍使用的是"问题视角",聚焦于"班级有哪些缺点"。在积极心理学上,有一种关注人内在力量的视角——强调"淡化问题,关注优势"。魏书生老师说,一个老师的本事不是发现学生有多少毛病,而是帮学生找优点和长处。同样地,作为班主任应该多看到班级中积极进取、团结向上的好的现象,比如:课前在默默复习、预习课程;课前师傅帮徒弟解答疑问;课堂上能深入思考问题、专注背诵课文;跑操时不说话、跑得整齐划一;不怕苦不怕脏积极打扫卫生等等。

总之,班主任要想培养学生哪方面的习惯(课前准备的习惯,整理书包桌洞的习惯,课堂认真听讲的习惯,跑操时快静齐的习惯等),在某个时间段内你就在这个方面瞪起一双慧眼,全方位地找寻一些好的现象,进行积极的鼓励,不断鞭策学生进步。

2. 给予学生真切而具体的肯定

主要从以下三个方面进行肯定:

(1)行为习惯方面的肯定:描述学生行为表现＋表达老师感受。

例如,班主任培养学生课前准备习惯,可以这样鼓励:某某同学把下一节课的书及学习用品都准备好了,打开书在复习上节课学习的内容(或预习下节课学习内容),你们这么自律,真的让老师很感动。

成长品质方面的肯定:描述学生行为表现＋总结行为中的成长品质。

成长品质
{
人格品质:(德)　诚实、感恩、责任、温和……
智力品质:(智)　专注、目标、自律、反思……
身体品质:(体)　超越、主动、勇敢、坚持……
艺术品质:(美)　善良、奉献、创新、欣赏……
劳动品质:(劳)　帮助、勤劳、自信、乐观……
}

例如:负责开关灯的某同学,一个月以来,始终能坚持做到人走灯灭。这种能坚持(身体品质)、有责任心、有担当(人格品质)的小男子汉,值得大家的信任。

(2)专业能力方面的肯定:描述学生的行为表现＋提炼学生行为表现中所体现的某种能力＋表达老师的感受。

例如:作为小组长的某同学,主动在小组微信群内发放提醒大家明天值日早到的通知;跟大家商量进行背诵打卡并每天坚持提醒个别掉队的同学。她能自主管理小组,带领小组成员一起成长。希望其他小组组长向她学习。

3. 提出的目标,循序渐进,具体而易实现

首先提出班级目标:学习目标、卫生目标、纪律目标、体育目标等;再次提出个人目标,个人目标可以分两种,一种是个人的各科成绩目标,另一种是选择你要挑战的同学目标,向该同学发出挑战,经被挑战的同学同意,二人可以成为一个竞赛组。在每个竞赛组里,挑战的同学与被挑战的同学一般差距不大,这种小的差距容易让挑战者更自信,更有追击取胜的欲望,而被追的同学因为差

距小，更怕被追上，所以拼命往前跑。这样整个班级就会形成你追我赶的良好局面。当然这种比赛在最后一定要有激励措施，这样效果会更好。

二、你会用"新闻、故事、影视作品"引领学生成长吗？

1. 故事的魅力

在生活中，一些平凡小故事往往包含着深刻的人生道理，比起抽象的理论，更易于被学生理解，它以最直接、最简单的方式将道理呈现，拨动学生的心弦。一个故事能改善学生性情，使它们恍然大悟；一个故事可以使学生思考生活的意义，接受新的道理；一个故事，能让学生以新的视角和方式去体察大千世界、芸芸众生。

给学生讲故事，滋养他们的心灵，让他们得到启迪。生活中我特别注意摘抄一些故事，在需要教育学生时信手拈来。比如假期开学第一个班会课，为了让学生确立学习目标，用目标增强学习动力，我讲了这样一个故事——穷追不舍的非洲豹：一望无际的非洲草原上，一群羚羊自由自在、悠闲地嬉戏。突然，一只非洲豹向羊群扑去。羚羊受到惊吓，开始拼命地四处奔逃。非洲豹死死盯住一只未成年的羚羊，穷追不舍。在追捕的过程中，非洲豹掠过了一只又一只站在旁边惊恐观望的羚羊，对这些挨得很近的羚羊像没看见一样，一次又一次地放过它们。终于那只未成年的羚羊被凶悍的非洲豹扑倒了，挣扎着倒在了血泊之中。

这个故事讲完后我提问学生：非洲豹为什么不放弃先前那只羚羊而去追其他离得更近的羚羊呢？那样岂不是更容易得手？从中你受到了什么启发？学生回答说："非洲豹如果放弃追逐那只未成年的羚羊，而去追身边最近的羚羊，这样东追一下，西追一下，最后它会一无所获。只要锁定了目标，就要一直努力地朝着目标努力奋斗，这样才能成功。"学生回答完后我接着总结道：在学习过程当中，肯定有这样或那样的外界干扰因素，比如上课开小差、在家玩游戏、谈恋爱等，大家要有毅力排除一切干扰，这样才容易收获成功。今晚第一个作业是思考本学期你最想追赶的同学，定下后要克服周围的各种干扰因素，朝着目标去努力。

2. 新闻的力量

一个班主任要善于把时事新闻讲给学生听，很多学生没有看新闻的时间和习惯，班主任讲时事新闻给他们听，他们很好奇，也很乐意听。班主任要会借"新闻"之东风，达到育人的效果。

比如：2020 年 6 月 15 日发生的中印边境冲突，在看到新闻报道的第一时间，我把整个新闻内容讲述给学生听，孩子们都静静听着，时而神情凝重，时而气愤不已，时而被解放军的保家爱国的精神感动着……最后我告诫孩子们：哪有什么岁月静好，只不过有人在替我们负重前行。现在我们应该刻苦学习知识，不断增长本领，为实现伟大的中国梦，时刻准备着。

3. 经典影视作品的震撼

学生很乐意看影视作品，观看具有教育意义和正能量的影视作品时能够提升认知能力，丰富自身素养。2021 年 9 月，《长津湖》在中国上映，我就号召孩子们观看。主要是想让他们通过观看影片，深切体会今天来之不易的幸福生活，更应该接过无数英烈手中的接力棒，把自己的青春献给我们伟大祖国！长津湖精神，永不磨灭！我还利用班会课播放经典影视作品，如我为学生播放《当幸福来敲门》的片段，让学生感受到一个人身上应该具有坚定、顽强品质，在平时生活中遇到困难和挫折，要敢于面对，勇于挑战，朝着自己的梦想前进。

一个班级，是一个充满着无限生机活力的团队，也孕育着无限的可能，真挚地期望广大班主任能充分发挥自己的聪明智慧，创造性地利用软管理的一系列手段，将班级建设成为一个有温度、积极上进的温暖家庭。

"微"而有"为"

——我的别样班会

莱西市济南路中学 于 金

美国教育家托马斯·里克纳曾将召开班会的目标总结为以下5条:通过定期的、面对面的交流,培养学生倾听他人、理解他人、尊重他人的习惯;给学生提供一个场所,让他们的想法可以被认真对待,并让学生学会如何在集体中表达自我;让学生养成坚持不断地将尊重与责任融入日常生活的习惯;营造一个道德集体,对学生正在形成的良好性格和品质进行滋养、巩固与支持;提高学生民主决策的意识与技巧,让他们成为民主体制下的合格公民。而要实现这些目标,对班主任而言,就要善于敏锐地及时抓住教育契机并加以利用。教育契机又是稍纵即逝的,要及时利用,才会事半功倍。如果错过时机,可能就会事倍功半。我们班的"微班会"应运而生……

1. "搬进批发市场的微班会"

在这个大手机时代,智能手机几乎已经"绑架"了人类,作为班主任,我们也都碰到过家长这样的哭诉:老师,孩子沉迷于打游戏,有的时候都到半夜,打过、骂过、讲过道理,都不管用,怎么办?

我突然想到了自己看过一个有意思的视频:

一个3岁左右的小女孩站到桌子上,跟旁边的爸爸说,想从桌子上跳下去。

爸爸什么也没说,从旁边直接拿了一个鸡蛋放到桌子边上,鸡蛋从桌子上滚下来,"啪"的一下掉在地上摔碎了,蛋液流了一地。

爸爸问:"鸡蛋怎样了?"

"鸡蛋碎了!"女孩说。

爸爸说,你跳下去也会像这个鸡蛋一样,会摔坏的。

小女孩立马露出害怕的表情,连忙告诉爸爸,我再也不想跳了。

这位爸爸太有智慧了,他这种教育方式不仅阻止了女儿的危险动作,同时也让女儿明白了后果的严重性。

我也决定通过这种方式帮这些孩子们从游戏中走出来,为此我召开了一个别样的微班会……

首先,我分批次地找家长座谈,摸清了班级沉迷于游戏的同学的名单。

在一个飘雪的周六早晨 3:00,我约着家长带着这些孩子来到了批发市场。我们发现:凌晨 3:00 的批发市场,已经人声鼎沸,商贩们早已经开始营业了。

我把 10 个家庭分为五组:一组去买鱼和海货,二组去割肉,三组去买青菜,四组去买鸡,五组去买早餐,每组都要做好采访。

一组孩子回来说:挣钱太不容易了,这么冷的天,他们徒手从冰水里往外捞鱼,满手都是冻疮,惨不忍睹……

二组孩子说:卖肉的阿姨把手放在刚出锅的猪头肉上取暖……

三组的孩子说:卖菜的大叔每天早晨 2:00 起床,骑三轮车赶到这里来卖菜,自己因为没有文化,不会用微信,只能让女儿教自己,都是吃了没文化的苦……

四组的孩子说:卖鸡的叔叔好像刚从杀鸡场回来,满身的鸡粪味和血污……

五组的孩子说:卖早点的阿姨说,自己因为常年风吹日晒,手皴得像老树皮,天一冷还会裂开口子,耳朵都冻破皮了……

在肯德基吃集体早餐时,孩子们表示:非常震撼!回来后一定要好好读书,不再痴迷游戏,不再虚度光阴。

思想家卢梭说,世上最没用的三种教育方法就是:讲道理、发脾气、刻意感动。李玫瑾教授也曾说过:针对孩子的任性行为不要说教,同样,针对孩子的犯错行为也不要说教,因为说教对孩子来说是噪音。真正的教育,不是耳提面命,而是潜移默化。

"搬进批发市场的微班会",用孩子能接受的方式,让孩子领悟了我们要说教的道理。微班会,"微"而有"为",事半功倍。

2. "旁敲侧击见奇效"

又是毕业季,孩子们忙于复习,渐渐地,地板脏了、课桌乱了、黑板也成了"大花脸"……怎样让班级常规管理重回正轨?

——微班会!

我开始悄悄地准备资料:我拍摄了脏地板、乱桌洞、"大花脸"黑板、没清理的垃圾、乱放的卫生工具……也拍摄了课堂认真听讲、课间热烈讨论问题、体育课上灿烂的笑容、兄弟班级整洁的教室……做成了视频。

晚托喝奶时,我习惯性地跟孩子们聊天:"孩子们,我们还有 108 天就离开济南路中学了,我给大家准备了一份小礼物,要不要看看?"

"看,看!"

"当然要看!"

"必须看啊!"……孩子们七嘴八舌,兴奋之情溢于言表。

我淡淡一笑,打开了视频。

教室里响起了《你笑起来真好看》的音乐,每个人都穿着校服,洋溢着自信的微笑。看着照片,孩子们笑了,情不自禁地跟着哼唱起来,我也笑着说:"我会永远记住你们干净、自信的微笑。"

视频继续播放,当出现脏地板、乱桌洞、"大花脸"黑板、没清理的垃圾、乱放的卫生工具时,孩子们顿时鸦雀无声,面面相觑,但他们迅速醒悟过来。俯身捡拾垃圾的,提醒同桌捡拾垃圾的,整理卫生工具的,擦黑板的……一阵小骚动。

我静静地看着,什么也没说。

大约 3 分钟后,孩子们安静了下来。

"孩子们,仅仅 3 分钟,就可以让我们共同的家干干净净。你们太棒了!让我们一起努力,让 11 班,我们的家,永远都是干净的、整洁的,好吗?"

"好……"声音虽不是很响亮,却是非常坚定!

"响鼓也要重锤敲""先扬后抑出奇招",真的是"微"而有"为",旁敲侧击见奇效。

找准切入点的微班会,唤醒了孩子们内心的荣誉感,激励他们做最好的自己,创建最优秀的班集体,真的是"微"而有"为",屡创奇迹!

严而有度,爱而不宠

莱西市店埠镇朴木中学　张吉洲

在大家眼中,《亮剑》里的李云龙是一个语言粗鲁、行事莽撞的人,但我却发现他是一名敢打敢拼的优秀军人,无论是在新一团还是独立团,都能带出一群敢打敢拼的士兵。他对于他的士兵,可以总结为:严而又度,爱而不宠。我想要成为班主任中的李云龙,我的孩子们要成为一个个智勇兼备的战士。在我看来班主任是班级的领导者、管理者,更是班级中的一分子,班级的精神面貌、学习风气、行为习惯都与之息息相关。艰辛、劳累,可能是大家对班主任工作的第一印象,但当班级这艘火车驶入正轨时,幸福与快乐便会常伴我们身边。关于班主任工作的开展,下面我粗浅地谈一谈我的一些做法。

一、严而有度

(一) 制定合理的规则,完成必备工作

"无规矩不成方圆",是大家耳熟能详的一句话。在学校中,我们可以将规矩理解为日常行为规范,它是成功的一个重要保障。对于同学们的教育更加重要。如何制定班规?如何来约束学生的行为?在这里,第一个问题解决的主体是学生,我会指导学生根据《中学生日常行为规范》进一步具体化、细致化,罗

列成文。比如我们班级的管理规定:

① 自觉维护国家荣誉,尊敬国旗国徽。

② 尊重老师,孝敬父母。

③ 不迟到,不早退。

④ 认真完成各学科作业,不抄袭。

⑤ 不说脏话,不打架斗殴,有问题积极寻求老师的帮助。

⑥ 课堂上积极与老师进行交流沟通,不读课外书,不睡觉。

⑦ 学会交流,常与父母老师交流。

⑧ 手机不带入学校,在家与家长签订手机使用协议。

⑨ 重视体育锻炼,增强身体素质。

⑩ 自尊自爱,珍惜自己的生命。

那么如何进行约束呢?我秉持着两个原则:第一,一视同仁,所有的要求对于班级中的每一位同学都一样,没有例外。第二,我允许同学们犯错,但是每位同学必须承担所犯错误带来的后果。九年级的学生现在正是十五六岁的年龄,要期望他们活泼好动,一丁点错误都不犯,老老实实做一个好好先生显然是不现实的。但是,每一位同学都要知道所犯错误带来的后果是什么,我希望他们能认清什么事情可以做,什么事情坚决不能做,因为以后踏入社会,会有法律和道德加以约束。

除此之外,我认为作为一名班主任还应该开展以下工作来加强班级和学生的管理。

① 根据自己的班级特点,通过主题班会等形式,营造良好的学习氛围。

② 加强与任课教师沟通交流,了解班级学生的日常动态,对重点学生进行重点管理。

③ 指导学生合理安排和利用时间,与各学科教师一起制订好备考计划,指导学生学会阶段性自我总结,根据学校管理要求,及时调整对学生管理。

④ 确定班级中的重点培育对象,抓两头促中间,注重学科的均衡发展。对优秀生进行积极的心理暗示,培育优秀生的信心。对中间学生实施分层管理,创造条件,促进发展。紧抓后进生转化,有效减少各个班级后30%的人,加强

学生思想教育,预防学生产生学习惰性,存在自我放弃等不良想法。

(二)在合理规则下加强学生的自我教育

苏霍姆林斯基曾说过:"真正的教育是学生的自我教育。"时代的发展远远超过我们的想象,我们的学生将面临日新月异的新时代,他们要去努力,去拼搏,去学会自我学习进步。班主任不能事事亲力亲为,要取得良好的班级管理效果,就要积极调动起每一位同学的积极性,形成合力,形成自主管理的机制。关于班干部的任职,我采用"六加五"的管理模式。六是指六个常规班干部:班长、团支书、学习委员、劳动委员、生活委员、体育委员。五是指五个值日班长,值日班长负责晨读领读,协助班长检查当天纪律卫生等。首先,这样可以保证每天至少两位同学管理班级,能对同学起到更好的督促作用。其次,值日班长的设置,使更多的同学参与到了班级管理中,发挥了学生的主观能动性,同时也进行了自我锻炼,班级常规管理也趋于完善。

二、爱而不宠

(一)多用爱造就灵魂

教育家赞可夫说过:"没有爱就没有教育。"九年级学生正处于青春叛逆期,内心极其敏感。针对这一环境下的同学,我们要有更多的耐心和细心,强力和果断是无法解决问题的。曾经看过这样一则寓言故事,北风和太阳比赛,看谁能把行人的大衣脱下来。北风使出了浑身的力气,刮得天地间飞沙走石,一片昏暗。但风越大,越是寒冷,行人的大衣就裹得越紧,结果失败了。然后是太阳上场,他不声不响地将阳光洒向大地,天地间温暖而明亮。行人渐渐感到热了,就解开大衣的扣子。阳光越来越温暖,行人终于脱下大衣。从这则寓言中我们可以领略到阳光的力量,我们要用阳光般的爱,融化学生外表的包装,照入他的内心。

(二)用合理的评价给予学生肯定

记得刚参加工作时,学校的孙老师跟我说道:"如果不用成绩衡量学生,每位学生都是好孩子"。经过了这几年的实践,我发现事实的确如此。我告诉学生,成绩是衡量学生的一个标准,但不是唯一标准。每一位同学都考上高中,都能有一个好的前程不是我们教育的目的,我想的是,每一位同学在毕业之后,在离开朴木中学之后,都能被别人评价道:这是一个合格的初中毕业生。我期望的是,每一位同学在今后的日子中都能靠自己的双手养活自己。我希望的是,每一位同学在自己今后的道路中,都能够不屈不挠地同困难作斗争,而不是臣服于困难。要给予每一位同学正确的评价,要帮助每一位同学树立正确的三观。我想,这应该是我们教育的目的。

班主任工作的烦琐、细碎、庞杂都掩饰不了班主任工作背后的幸福与快乐。魏书生在《班主任工作漫谈》中提到的"多改变自我,少埋怨环境",我想我们要努力做到严而有度,爱而不宠,给学生良好的人生指导,帮助学生成长,也促进我们自身的成长

教育"有味"是清欢

莱西市实验中学　姜　晗

《内心疗愈》中写道:"我曾一直以为,敢于与自己的疲惫感、悲伤感和沮丧感作斗争就叫做勇气,可是真正的勇气在于停止斗争,并投身于那些我一直准备去做的、能体现爱的价值和自身价值的事情中去。"想象一下,我们身处一个热锅上的家庭,不和谐的班级群体,每天铺天盖地的试卷和成绩,能坚持多久呢?

遇到学习问题,眼泪和谩骂只会让步入凡尘的年轻人受挫和愧疚,而作为他们成长的导航人,我们应该教会他们接地气的理性、勇气和毅力,鼓励学生放心大胆地爬上树枝,去拥抱世界,感受阳光和泥土的气息。

一、建立爱的模型

学校小测验监考，作为物理老师兼班主任，我非常好奇孩子们的数学学习情况，巡视了几排，试题考查了同类项的合并计算，一个孩子连负九减五都没有算对，说明初二年级的孩子学习差距已非常大。看着我靠近他，半个身子紧贴在卷子上，捂得十分严实。没多久，竟又悄悄打起盹来，一手撑着腮，一手拿着笔，动作娴熟，看来是"老油条"了。我走向前，轻轻拍了拍他，他赶忙坐直了身子。我小一点声音问，"剩下的题还能挣扎一下吗？"他有些犹豫，看看卷子，再看看我，很为难地说"能"。我指了指卷子上的几道简单题，站在旁边看着他费劲地写，果不其然还都是错的。我把他和另外几名相同情况同学的卷子收上来，告诉全班同学这几位同学提前交卷，然后在讲台旁搬了张小桌子"开小灶"。我小声告诉他们，初一的知识掌握得非常好，不过需要提高一下基础，才能熟练地运用到初二。比如同类项都找对了，零下九摄氏度再减五度应该是多少呢？孩子很快就说出了答案。我鼓励他们，要通过考试明确自己不熟练的知识点，并且要勇于向数学老师寻求帮助。孩子们点点头，表示明白了。

晚上，我和几位孩子的爸妈一一进行了沟通，希望他们不要只看孩子目前的成绩，要对孩子充满信心，在孩子遇到困难时，积极主动和孩子们一起寻找解决问题的方法。家长朋友也是充满了感激，也愿大力配合。

然而过了三四天，几位学科老师都向我反映，为孩子们单独准备的分层作业，完成情况很不理想。思来想去，我决定利用学校阳光活动课，邀请这几位学生的家长参与到孩子们的学习中来。我把办公室的一摞作业都搬到了自习室，让孩子们带好作业，边写边等家长。我认真批改作业，不时抬头看了看情况，在笔记本上做表格记录，家长们也安静地陪着。每隔 20 分钟，我都走到孩子们身边，查验他们的习题做得认不认真。家长们见状，也开始认真翻看起孩子们小测验的试卷和写完了的作业，甚至有的开始给孩子们写标注。两节课的间隙，所有同学都完成了作业，并开心地返回班级。几位家长似乎意犹未尽，一位家长说："以前总为自己找借口，给孩子花钱报了辅导班，感觉自己完成了任务。今天看到班主任在繁忙的工作中，依然耐下心来给孩子讲题，微笑着和孩子讲话，感觉家里已经很久没有这样的气氛了。"其他家长也纷纷表示认同。

父母给了孩子生命,学校指引孩子方向,但我们都不能替代孩子成长。一时的输赢并不足以决定整个人生,良好的心态、积极的态度才是成功的基石。遇到困难,本希望能因此蜕变,结果很多人是"变颓"。作为班主任,要携手家长积极回应孩子的需求,培养他们的自信心,让他们相信一切皆有可能。只有在这样积极的环境中孩子们才能发展自我,构建自我,将自己认同于生活环境中的一分子来感知存在和思考,并将自己投射到未来。

二、寻找幸福的关键

克里希那穆提说:"任何形式的费力都是一种失序。"我想班主任的"神经症"可能就是用力过猛了。曾有位教师告诉我,每次班会课她都让学生在小纸条上写出对班级近期的看法和建议。实则,就是鼓励学生"打小报告",方便及时发现班级问题,并第一时间采取解决措施。在这个过程中,她难免为这些纸条上的问题着急上火,以此落下了心悸的毛病。不得不说,这是一位非常认真的老教师,一定为孩子们在学习生活上的细节操碎了心。

班级里有一位"段咸鱼",从第一个周开始,就和我玩起"躲猫猫",三天两头在上学时间找不到他。不是在上学路上转念去了爷爷奶奶家,就是找了家黑网吧打游戏,有一次他又没到校,我太过担心,调好课和孩子爸妈满大街找他,他竟然在学校附近的广场上,看大爷大妈健身,思考人生。我反复问他,是不是有什么学习生活上的困难,可以和老师沟通。"段咸鱼"都说没有。孩子爸爸直接带回家批评了两个多小时,又找自己当警察的朋友下班来家里吓唬孩子,告诉他如果不学习走向社会变成小混混是什么样的后果。第二天,"段咸鱼"人来了,但一直趴在桌子上。我没有走过去,而是拿出来一把古琴,给大家演奏了一曲《良宵引》,孩子们瞬间就被吸引住了。大家纷纷感叹,班主任竟还有这样的才艺。而后,我又向大家展示了水瓶琴,上一届的学生利用几个普通水杯,就演奏出了好听的音乐,非常优秀。班级里的学生都提起了上课的精神,"段咸鱼"也往前探了小脑袋。我想,一个班主任自己首先要有爱生活的拼劲,孩子们才能够耳濡目染。当孩子们情绪低落时,强迫或者催促是没有用的,只会让他们变得焦躁,甚至泄气。我们所要做的是后退,宽慰他们,给他们时间。等他们重新获得了足够的勇气,再回到任务上去。这才能让孩子们感受到真正的幸福,而这也是班主任长期幸福的秘诀。

班主任工作是一项复杂的工作,然而在酸甜苦辣中却没有绝对标准的教育模式,只有相对适合的教育方式。班主任要不断地调整自己的状态,适应孩子们成长的各种情况,不断地品尝教育过程中的味道,成长自己,才是对学生最好的爱。

浅谈新形势下农村中学生班级管理的"差异问题"及对策

莱西市教育和体育局　张峰林

一、"精品教育"使差异问题日益凸显

因受应试教育和片面追求升学率的影响,在不少的农村初级中学中,只有部分所谓的"精品学生"有幸受到学科教师的关注,成为"重点栽培"的对象,大部分"后发展"的学生受到冷落,学习的积极性受挫,上进心不强,沦为学习上的弱势群体。随着年级的升高,"优势生"与"弱势生"的差异日益突显。中国教育科学研究院研究员华国栋教授也在《差异教学论》一书中详细介绍了学生差异的类型;差异是如何产生的;怎样测查学生的差异以及在教学中如何照顾学生的差异问题。

在班集体教学中如何兼顾学生的差异性,对优势生和学困生如何教学,怎样开发学生的潜能,使每个学生都能得到充分发展,一直是教师们普遍感到困惑的问题。笔者根据自己近几年的工作经历及深入的调研,就农村初中学生的

差异状况做了以下分析：

（一）文化基础存在差异

文化基础差异是各项差异中最突出的方面。在初一入校新生中，语文、数学两门文化课总成绩不超过 100 分者不乏其人。这是因为不少学生在小学阶段就被当成班级包袱，遭到"遗弃"，有的学生甚至成为"黑人"，连正式的学籍都没有，成为应试教育的牺牲品。进入中学后，随着功课难度加大、科目增多，又会产生一批新的"学困生"。在我接手的 2015 级初一新生中，有的学生竟连自己的名字都写不好，有的 40 以内的加减法不会用，班级中有近十几个学习"特困生"文化底子太薄，要把成绩提上去实在是比登天还难。而学生文化基础差往往成为老师批评、家长责备、学生歧视的主要原因。学生的自信心、进取心不断受挫，久而久之，他们对学习只能放弃，这一落后的"单一性"评价标准必须得到纠正。

（二）个体潜能存在差异

俗语道：尺有所短，寸有所长。在班级管理中我发现，文化基础差的学生，其他方面的潜能往往很大：有的学生具有科学或技术方面的才能，有的学生动手能力较强，有的擅长体育，有的有音乐天赋。这些潜能往往湮没在学困生的身心深处，只是未被发现和开掘，他们并不是没有能力的"笨学生"，其智商都在正常的范围内，个别学生的智力甚至超常，他们在某一方面可能获得较高的成就。所以，文化课成绩的好坏不应成为评价学生素质高低的唯一标准。

（三）思想修养存在差异

在思想教育方面，教师往往从"管教""压制"学生的角度出发，教育方法简单甚至粗暴。生硬的说教不能使学生从习惯教育中受益，不少学生很难站在理性的层面去辨别真、善、美和假、恶、丑的实质。如你要求学生做社会主义接班人，学生心里就想："我学习这么差，哪有能力去做接班人"？你要求学生学雷锋，学生心里就打退堂鼓："雷锋早已过时了"学生没有上进心，生硬的道理听不进去，混沌的思想就会潜滋暗长。这时的师生关系实际上成了猫与鼠的关系,一个"逼",一个"避",学生有了思想疙瘩或错误做法很少主动找教师诉说衷肠。有时从表面看,学生似乎被"管"住了,实际上学生的思想受到禁锢,良好的思想修养并没有形成。"要成才,先做人",震惊国人的马加爵事件给每一个教育者和被教育者都上了发人深省的一课。在教育教学实践中,针对学生中存在的品德差异,实行以人为本、因材施教显得何等重要!忽视"德育首位"的教育原则,造就出来的人才可能是"蹩脚的歪才",而不是"人性化的全才"。

(四) 学习目的存在差异

调查研究发现,有的学生学习目的明确,学习积极主动,能自制,有毅力;有的虽有明确的学习目的,但缺乏自制力,不能持之以恒;有的缺乏长远的学习目标,从众心理严重,朝此夕彼,兴趣、志向经常改变。我们认为,"学困生"产生困难的时间和过程并不完全相同,他们往往是经历了反复挫折后才缺乏自信心,丧失了学习的原动力,久而久之,学生的自信心不足,学习动机弱,厌学情绪加重,最终沦为低品质的"失败者"。教师很少有从"学困生"形成的过程来认识这类学生的心理发展特点,这一结果提示我们,要把握各类学生的心理特点,尊重学生的兴趣、爱好、情感、意志等,因材施教,帮助他们设立适合其个人水平,又有一定挑战性的目标,不断为学生创设成功的机会,"让每个学生抬起头来走路"。

(五) 学习习惯存在差异

班级中优等学生知道自己处于"优势"状态,他们预设的学习目标较高,常常有良好的学习行为习惯;中等生处于居中的位置,他们往往采取中庸的学习态度;至于下游学生,其学习能力并非完全低下,可学习习惯,如课前预习、作笔记、及时做作业、课后复习等习惯都较差。他们往往缺乏信心,没有明确的学习目标或不清楚如何制定学习目标。传统的"填鸭式"教学方法,使学生成为被动接受知识的容器,学生的思维受到遏制,学习的主动性受到阻碍,能动地提出问题、分析问题和解决问题的能力受到破坏,使上、中、下游学生之间各方面的学习习惯出现很大的差异性,这种情况势必导致学生文化素养、知识结构、能力水平等诸多方面上存在差异性。

二、改革评价制度是应对"差异问题"的关键

我们认为传统的教学评价,植根于应试教育,属竞争性评价模式。这种评价模式,过于强调个体在整体中的位置,热衷于分数排队,目的是划分等级,分出优劣,把分数意义上的"成功"作为衡量学生优劣的唯一标准。在这种单一评价模式的支配下,只有少数学生得到高分或好名次,大多数学生注定成为这种模式下的"失败者",而"学困生"的失败者心态,很大原因是不恰当的评价造成的。这些学生进入社会,会给社会带来种种消极影响,而且学生自己在成长中也会背上沉重的包袱。实际上,学生出现大的差异并不可怕,湮没、回避差异问题,不能够以人为本,因材施教,是教育中的大忌。而改革评价制度是应对"差异问题"的关键所在。

差异发展需要差异教学,差异教学离不开差异评价,差异评价也是关注个体差异以及对个体发展不同需求的一种有效方法,所以说探索差异方法,既是新课程的要求,也是学生发展的需要。

重视鼓励性评价,建立一个全新的支持性环境。在教育教学实践中,"不以分数论英雄",而是结合各差异层面学生的特点,注重个体潜能的发挥,采取编制适合差异类学生起点的测试,根据各差异层学生的实际水平确定他们要达到的阶段性目标,对学生在原有基础上的每一项进步都给予及时性评价鼓励,改变过去以文化课分数高低为唯一标准的评价模式,使每一位后进学生都有参与公平竞争的机会和胜出的能力,让学生在不断进步中获得成功的喜悦,强化他们的求知欲,激励他们向更高一层目标迈进,争取新的成功。

"后发展学生"的困难是积习而成的,他们的转变必然是一个渐进的过程。现代化教学方式是明确反对为了赶统一进度而要求过高,步子过大的做法,而是着眼于面向全体,因材施教,打好基础。实行"低起点,小步子,循序渐进,时时反馈",帮助困难学生克服各差异项中的障碍,使他们积小成大,由低迷渐入佳境。

改革评价制度的目的是改善差异学生的"动力系统",形成良好的内部机

制。通过教师评价，学生自我评价，同学相互评价等方式，使学生正确地认识自己的优势所在，抛弃自卑自弃的心态，"抬起头来做人"，在学生中树立一种信念，"天生我材必有用，我能成为成功者"。使他们自主地进入教育过程，能动地争取成功，勇敢地面对挫折，处理好个人成功与他人成功、集体成功的关系。在原青岛市教科所所长姜宏德教授编著的《教育科研概论》一书中提出的教育评价原则中的科学性原则、整体性原则就深刻体现了这一问题。

初中学校有义务、有责任高举起"素质教育"的大旗，积极探索由"应试教育"向"素质教育"转变的新途径，以"不求人人升学，但要个个成才"为育人理念，在实践中，注重以人为本，发挥个体潜能，使学生在德、智、体、美、劳等各方面都能够生动活泼地健康发展。

三、运用"目标教学，分类推进"是解决"差异问题"的好方法

"目标教学，分类推进"的教育教学理念能从根本上摆脱应试教育的束缚，把以人为本，张扬个性的素质教育摆在重要位置，把竞争学习的触角延伸到更宽泛的"差异项"内的各个方面。实验证明：

(一)"目标教学，分类推进"课题研究理论的解读

传统的"分类教学""目标教学"一般以文化课基础成绩为参数对学生进行分类，确定教学目标，进行教学，是相对单一的静态教学模式。为解决"差异问题"，我们全面开展的"目标教学，分类推进"的模式无论在深度还是在广度上都有了新突破，主要表现在两个方面：

① 突出分类标准的多元化。"分类"，即对学生分类，分类标准不局限于文化课，而是顾及学生综合素质的提高，以学生的文化课基础为标准，对学生思想修养、专业技能、心理素质、学习习惯等标准进行分类。

② 突出分类目标的层递性推进，即把握好不同类学生的差异特点，强调教法和学法的"双边"运行，倡导"合作学习"，"偏爱"后进生，通过因材施教，因势利导，最终实现学生"差异层"间的超越。如：以某学期某次学习成绩为参数，将班级学生由高到低划定 A、B、C 类，针对这三类学生的不同特点，分类设定教学目标，分类传授教学内容，分类设计学科命题，分类进行成绩评估。通过

因材施教,循序渐进,让每一类学生都能够享受到成功的快乐,逐步树立"比、学、赶、帮、超"意识,培养进取精神,努力使 A 类学生冒尖,一部分 B 类学生达到 A 类学生水平,一部分 C 类学生达到 B 类学生水平。

"目标教学,分类推进"实验设计图示

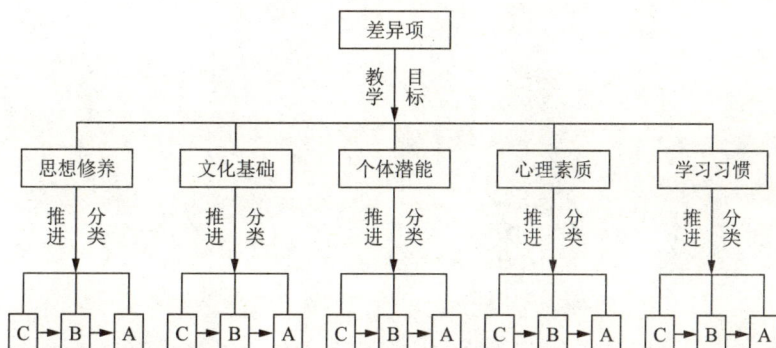

① 以所教班级学生的文化基础,思想修养,个体潜能、心理素质、学习习惯等"差异项"为分类标准,按个体成绩将学生由高到低划归到 A、B、C 类。在教育教学实践中,C 类学生侧重于基础知识的掌握,低起点,小难度,以识记和理解为主;B 类学生侧重于已掌握基础的前提下开拓知识面,以理解和运用为主,起点稍高,难度较大;A 类学生侧重于能力的提高,起点高,难度大,以知识创新应用为主。

② 运用"基础分"和"提高分"的评价方法,是"分类教学"的一个显著特色和创新之处。所谓"基础分",即学生上学期在某差异项中取得的成绩,而"提高分"则是本学期成绩超过上学期的程度。引入"基础分"与"提高分"的目的,就是尽可能使所有学生都有机会在某"差异项"中取得最大分值,引导学生把着力点定位在不断的进步和提高上。有时 A 类生第一名与 B 类或 C 类第一名所得的分值相当,这正是公平地比较"差异生"进步的做法,最终会使各层类的学生受到奖励或鼓励,取得更大进步,并由此走向成功。这样,就使学生的强项得到加强,弱项得到提高。努力实现使全校的学生 A 类达到 60%,B 类达到 20%,C 类控制在 10% 以下的教育教学目的。

③ 对各差异项中的每位学生实行动态管理。一般每学期对学生重新进行一次分类调整,设定新的教学目标,完成新的分类推进。

④ 定期对学生进行思想教育,加强学生的心理健康教育,帮助学生树立正确的人生观和价值观,也是顺利完成差异教学任务必不可少的辅助措施。

第二章

情景交融正三观之主题班会

润"孝"于心,践"孝"于行

——"感恩父母"主题班会设计

莱西市济南路小学　沙美玲

【背景分析】

学情分析:当今家庭往往以孩子为中心,养成了孩子唯我独尊的心态,他们对亲人、对社会漠不关心。因此在小学德育教育中渗透孝道教育,让他们对周围给予其关爱的人及事心存感激,从而培养他们的感恩情怀。中国历来是一个重视感恩的国度,自古就有"知恩当报""滴水之恩,涌泉以报"之说法。提倡感恩意识并不是一个新话题,可在生活中"知恩不报"者大有人在,其主要原因是社会缺乏一种感恩的环境。

主题分析:培养什么样的人,一直是教育面临的首要问题。党的十八大报告中指出,把立德树人作为教育的根本任务,培养德智体美劳全面发展的社会主义建设者和接班人,德为五育之首,是教育的重中之重。孝道教育是构建社会和谐的重要途径。一个人如果对自己的父母都不孝敬,不赡养,对别人、对社会、对朋友哪还能有真正的文明之举?因此必须在全社会大力倡导尊老敬老的良好风气,以推动社会进步,为社会主义建设营造好的家庭氛围和社会氛围。针对现在的孩子多以自我为中心,自私任性的不良习惯,本次班会旨在通过本次学习,让学生亲身体验、感悟父母恩情之大,将感恩践于行动,心中有德才会成为社会主义建设的良材。

【班会目标】

认知目标：让学生明事理，懂真情，体会父母不求回报的真情和不辞辛苦的抚育之恩。

情感目标：让学生学会理解和体会父母的辛苦教养、任劳任怨、无私无悔的可贵，从心底尊敬和珍惜。

行为目标：引导学生常存感恩之情，日常要帮助父母做一些力所能及的事情。知道只有先尽小孝，才能尽大孝忠于自己的国家，使"孝"内化为每位学生的信念，积极践行孝道。

【班会准备】

学生准备：提前搜集关于感恩父母的诗、故事，并了解父母日常工作生活的辛苦。

教师准备：感恩父母的视频、古诗、故事，以及此次疫情中令人感动的人、事等。

【班会过程】

环节一：激情导课。

1. 导入班会主题：润"孝"于心，践"孝"于行——感恩父母，并播放视频：青岛一位小女孩放暑假就在自家店里"打工"赚钱。干了 9 天活，她赚到了 180 元，请爸妈去吃饭花了 173 块钱。小女孩说："挣钱就是为父母花的。"看了图中的视频，你有什么想说的吗？

学生交流自己的感受。

预设

生（1）：这个小女孩非常爱爸爸妈妈。

生（2）：这个女孩子很孝顺。

⋯⋯⋯⋯⋯

2. 师：古人云"百善孝为先"，孝是中华传统的美德，晚清近代著作《围炉夜话》中有这样一段："常存仁孝心，则天下不可为者，皆不忍为，所以孝居百行之先。"这段话的意思是经常怀有一颗仁孝之心，那么凡是天下不能做的坏事，都不忍心去做,所以孝要置于各种行为之首。我们是新时代的少年儿童,传承中华美德是我们的责任和义务,我们要从小心怀感恩之心,孝敬父母。

设计意图:通过这段视频真实展现了生活中身边的孝的故事,青岛小女孩利用假期在自己家店里打工赚钱,感恩父母,请父母吃饭,贴近孩子的情感生活,从而揭示了孝心体现在生活中每一处,引入班会主题。

环节二:头脑风暴,激发感恩之情。

(一)播放视频:"最美孝心少年"冉俊超的故事

1. 冉俊超,14 岁,重庆市第三十中学校初二年级的一名普通学生。父母是地地道道的农民,父亲的职业是"棒棒",每天要扛几百斤的货物。有时候看着父亲太累,冉俊超会帮他捏肩捶背,端来洗脚水让他解乏。进入小学二年级,冉俊超开始主动为下班回来的父母做饭,只为让辛苦一天的父母回家就能吃上热乎饭。父亲的饮食喜好,冉俊超记得很清楚。"我做的菜都比较辣,因为爸爸喜欢吃。"他现在还特别喜欢做肉类菜品,因为爸爸每天下力干活,需要补充营养。父亲是"棒棒",并没有让冉俊超自卑,反而很自豪,他从不避讳在同学面前提起自己的父亲,"爸爸凭劳动吃饭,靠力气挣钱,用自己的勤劳撑起我们这个家,是家里的顶梁柱,不丢人,我为爸爸感到骄傲"!

2. 师:看了这个故事,你有什么感想?故事的小主人翁冉俊超哪一点最值得你去学习?

3. 学生交流自己的感受。

预设

生(1):冉俊超是个有担当的学生。

生(2):冉俊超是个有孝心的好孩子。

…………

(二)古诗《游子吟》 唐·孟郊

慈母手中线,游子身上衣。

临行密密缝,意恐迟迟归。

谁言寸草心,报得三春晖。

1. 齐读《游子吟》,并想一想这首诗表达了作者什么样的感情?

2. 学生用自己的话交流。

3. 教师解释诗义并小结:《游子吟》是唐代孟郊的诗作,此诗表达了诗人对母爱的感激以及对母亲深深的爱与尊敬。

4. 学习诗句的解释,理解诗句的含义。

(三) 传统文化《弟子规·入则孝》

父母呼,应勿缓。父母命,行勿懒。

父母教,须敬听。父母责,须顺承。

1. 读传统文化《弟子规·入则孝》,想一想这几句弟子规告诫我们应该怎样做?

2. 学生自由回答。

3. 教师小结:父母呼唤,应及时回答,不要缓慢回答。父母交代的事情,要立刻去做,不可拖延或推辞偷懒。父母教导我们为人处事的道理,应恭敬聆听。父母责备教训时,应恭顺地虚心接受。

设计意图:本环节设计现实故事"最美孝心少年"、古诗《游子吟》以及传统文化《弟子规·入则孝》旨在激发学生感恩之情,让学生学会感恩,体谅父母工作的艰辛,同时懂得爱家、爱国,树立为国奉献的远大理想。

环节三:父母恩情知多少

师:在生活中父母都为我们的成长付出哪些辛苦? 根据自己的了解填写辛苦清单,然后全班交流。(从生活、学习、工作等方面交流)

1. 父母对我们付出辛苦清单

父母对我们付出辛苦清单	
①	
②	
③	
……	……

2. 心灵表白

师:"同学们,现在你有话对爸爸妈妈说吗? 现在你最想对爸爸妈妈说的一句话是什么？"请同学起来交流自己想说的一句话。

预设

生（1）：爸爸妈妈我爱你们，你们辛苦了！

生（2）：爸爸妈妈我一定好好学习来报答你们。

……

（二）报恩践于行

1. 师：同学们，"羊有跪乳之恩，鸦有反哺之情"，连动物都知道报恩，更何况我们呢？我们是新时代的少年，更应该理解和感恩父母不辞辛苦的抚育之恩以及一片不求回报的真情。那么我们应该怎样做，去感恩我们的父母？

将报恩清单填好，并班级交流。

报恩清单	
①	
②	
③	
……	……

2. 提出倡议：我们要做的其实很简单——关心父母，一句问候，一个亲吻，一束鲜花，一个拥抱，一杯浓茶甚至一句话，让我们从现在起学会感恩吧。

（三）小孝凝聚成大孝

1. 师：同学们，孝的传递者源于我们每一个人，我们的身体发肤受之于父母，我们毫无理由地应该尽我们最大的能力来孝敬父母，感恩父母。在生活中还有好多我们需要感恩的人和事。

如此次疫情期间，你都知道哪些感动人的事？你发现身边的小朋友是怎样做的？你是怎样做的？

2. 班级交流。

3. 班级交流完后，教师要对善于发现及做得好的同学给予表扬并播放幻灯片——疫情中令人感动的人、事及周围的小朋友是怎样感恩他们的。

4. 提出要求：① 感恩国家和社会；② 感恩父母；③ 感恩同学与师长；④ 感

恩友谊和亲情;⑤感恩对手和挫折;⑥感恩自然。

让我们怀着一颗感恩的心,用平白朴实的话语和实际行动表达出发自内心的谢意吧。感谢父母给了我们生命,让我们享受到了人世间的亲情和幸福;感恩国家和社会,让我们过上了幸福的生活;感谢老师的谆谆教诲,让我们尝到了学习知识的快乐;感谢同学真诚的关怀和帮助,让我们懂得了友情的可贵,感谢友情和亲情,感谢他们伸出援助之手;感恩对手和挫折,让我们成长并变得强大;感谢大自然,让我们感受了生命喷涌的活力⋯⋯

5. 宣誓:

中队长带领同学们宣誓:

铭记父母恩,百善孝为先。

铭记父母恩,肩负天下任。

设计意图:本环节设计让同学们了解父母对自己无私的付出,要学会理解父母,尊敬父母。帮助父母去做力所能及的家务事,用实际行动感恩父母。学会感恩身边的人和事,感恩所有,争做新时代好少年。

环节四:结束部分

教师总结:孝敬父母是中华民族的传统美德,是做人的最基本道理,其实父母并不需要我们以后轰轰烈烈地去为他们做什么大事,而是要求我们从现在做起,从点滴做起;有时候关心孝敬父母,就是陪父母聊聊天,就是一个祝福、一句问候、一朵鲜花、一个拥抱,甚至只是一个微笑。虽然父母爱我们并不想要什么回报,但是只有父母付出的爱,没有我们回报的爱,这爱是不公平的。除了父母,我们身边还有很多关心我们的人,我们的老师、同学和朋友,甚至我们的祖国都是关心我们的。所以只有互相付出爱,一个家庭才能美满,人们在学校里、在社会中才能和谐相处;大家都能献出爱,国家才能兴旺;只要人人都献出一点爱,世界将变成美好的人间!让我们从孝敬自己的父母开始,学会感恩,心怀感恩之心做一名合格的新时代好少年吧。

设计意图:本环节设计教师对孝道进行小结,升华学生对孝道的认识。

班会后延伸教育活动:

家务劳动是可操作性较强的德育方式。因此本次课后延伸设计两个活动

① 家务小达人;② 作文比赛:我的一次家务劳动。

要求:1. 将自己在家里做家务的场景拍照,张贴在班级文化墙上,比一比谁会的家务多。

2. 将自己的一次家务劳动过程及感受写下来。班级交流,并将写得好的作文推荐学校平台发表。

设计意图:班会后开展"我是家务小达人""我的一次家务劳动"作文比赛等活动,班级交流学生的成果,开展以"孝"为荣的班级活动,在班级以孝为荣的大环境中潜移默化立德树人。

【班会反思】

孝是中华民族推崇和敬仰的传统美德。孝道的传承无论对于个人的发展、家庭的和睦,还是社会稳定、国泰民安都有着至关重要的意义。通过开展本次主题班会,向学生讲解"孝"的内容以及重要意义,让学生充分认识"孝"的必要性。对有孝心的人和事进行正面宣传,使"孝"内化为每一位学生的信念,积极践行孝道,学会感恩,心中有情,才会自然而然地去行动,心中有德,才会成为社会主义建设的良材。

本次主题班会以"孝"为主线,引导学生从孝敬自己的父母开始,从小进行孝道教育,有利于青少年基本道德素养的形成。子女在接受父母养育和教诲的过程中深切地感受到来自父母的亲情,并由此产生了反哺回报之心,这是人类与生俱来的良知本性。这种亲情回报的纯朴情感,造就了人类最基本的孝意识。在青少年中进行孝道教育,使他们从小懂得自己发肤来自父母,爱惜自己、孝敬父母是天经地义的。父母养育自己是责任,自己孝敬父母也是义务。所以要让孩子们懂得,孝老爱亲是人类一切高尚道德的源泉,只有有了对自己父母、亲人的小爱,才能有对社会、对国家的大爱。

首先创设情境,激情导课,利用一个小短片"青岛一位小女孩放暑假就在自家店里'打工'赚钱,请父母吃饭"的情境引入主题,激发学生兴趣,用现实中的孝心故事、有关孝心的古诗、传统文化中对孝的解读引发学生思考,激发感恩之心。

在头脑风暴的影响下,学生对孝有了一定的认识,结合自己的生活实际,寻找自己父母对自己付出的辛苦清单,体会感悟父母为了自己成长所做的付出,懂得自己发肤来自父母,孝敬父母是天经地义的。孝敬父母要铭记于心、付诸行动。

最后以小孝凝聚于大孝,深化升华主题。通过疫情防控期间感动的人和事,让学生明白只有有了对自己父母、亲人的小爱,才能有对社会、对国家的大爱。培养学生学会感恩,心中有情,才会自然而然地去行动,心中有德,才会成为社会主义建设的良材。

课后,通过家务延伸教育活动"家务小达人"及作文比赛"我的一次家务劳动",开展以"孝"为荣的班级活动,潜移默化对学生进行道德品质教育。

寻求破茧成蝶的密码

莱西市济南路中学　于　金

【背景分析】

初中是学生心理发展的关键时期,引导学生主动锻炼意志品质有助于解决成长中的问题,促进学生身心的健康发展。而现在大多数学生是独生子女,生活条件相对比较优越,父母对子女娇生惯养,家长实行承包责任制,一条龙的服务使独生子女缺乏坚强的意志,怕苦怕难,自控能力差,做事不能持之以恒,虎头蛇尾,半途而废等。这些都给学生的学习和生活带来不利影响,严重影响他们的健康成长,尤其对今后的进一步发展极为不利,因此我们必须培养学生坚强的意志,使学生学会怎样去磨砺意志。这节主题班会,使学生找到自己身上存在的意志薄弱环节,并根据自己的实际情况制订磨砺意志的计划,切实付诸实施,把自己磨砺成一个具有坚强意志的人。

【班会目标】

认知目标:能意识到意志是一个人生活中不可缺少的心理品质。

行为目标:通过奥运冠军的事例让学生学习磨砺意志的方法;能联系自己实际,开展意志品质锻炼,并注重落实。

情感目标:增强培养锻炼坚强意志的自觉性和强烈愿望。

【班会准备】

学生准备:1. 分组搜集冬奥冠军克服困难刻苦训练的事迹。

2. 每人准备一张漂亮的卡片。

教师准备:1. 暖场音乐;手势舞《雪龙吟》的视频。

2. 真心话∽∽大冒险的游戏

【班会过程】

暖场音乐:手势舞《雪龙吟》

设计意图:开场新颖独特的手势舞能先声夺人,吸引学生的注意力,为快速打开学生思维的闸门,打破沉闷的课堂氛围奠定良好的基础。

视频导入:高光时刻(冬奥会夺冠时刻集锦)。

畅所欲言:学生谈感受。

教师小结:

俗话说,宝剑锋从磨砺出,梅花香自苦寒来。北京冬奥会已经结束,但运动员们不断超越自我的画面一直留在我们心中,带给我们成长的感动,更赋予我们前行的力量。

蛹化成蝶,翩翩起舞,是多美妙的瞬间,如李白诗中的羽化而登仙一样。那么,一只丑陋的虫子,如何才能变成美丽的蝴蝶而且还能翩翩起舞呢?

我宣布:寻求破茧成蝶的密码主题班会现在开始……

设计意图:依托"冬奥热",让同学们体会速度与激情、感受冰雪运动魅力的同时,在心中播下热爱运动的种子,更重要的是进一步弘扬冬奥精神,让他们萌发挑战自我、战胜自我、走向坚强的勇气和力量。

第一篇章：冬奥故事

一组故事分享：短道速滑男子 1 000 米冠军任子威的故事

学生交流

密码 1：简单的事情重复做，重复的事情用心做。

二组故事分享：最年轻的冬奥冠军苏翊鸣的故事

学生交流

密码 2：培养兴趣，尝试热爱自己正在做的事。

三组故事分享：金博洋、谷爱凌的故事

学生交流

密码 3：勇于挑战自我。

四组故事分享："四届老将"徐梦桃、"四朝元老"齐广璞的故事

学生交流

密码 4：坚持。

五组故事分享：花样滑冰双人滑比赛中隋文静和韩聪、短道速滑混合团体 2 000 米接力"王牌之师"的故事

学生交流

密码 5：团队协作。

教师小结：

无论是战绩惊艳的 00 后小将，还是力挽狂澜的实力大将，抑或是久战沙场的经验老将，他们都在传承着前辈们的体育精神，在奥运赛场上，挥洒汗水、奋力拼搏、追逐梦想、为国争光，这也是我们的冬奥团队创造辉煌战绩的密码。

愿你我，在看过他们的故事后，都能重新找到属于自己的初心，勇敢向前，无问西东。

设计意图：让同学们领悟到：奇迹总会眷顾有准备的人，实力上的差距固然存在，但也不要怕，从一次次失败中吸取教训，在一次次跌倒中仍不要失去为梦想燃烧的激情，对待每一次的比赛都全力以赴，才会破茧成蝶。

第二篇章：我省我行

我们来玩个游戏吧！ Let's play games

游戏:真心话∽∽大冒险

游戏规则:

(一)真心话:1. 你的目标是什么?(短期、中期、长期均可)

2. 你为目标的实现付出过哪些努力?

3. 目标实现的阻力是什么?

4. 你打算怎样克服这些阻力?

大冒险:请你走到老师或同学面前请他们做两件事

1. 夸夸你。

2. 给你提出一条或几条建议。

(二)同位两人剪刀石头布,赢者决定是自己、还是对方玩真心话还是大冒险

学生进行游戏。

教师小结:成长的道路上充满未知,但我相信:只要我们拼尽全力,砥砺前行,每个人都必将能拥有一对闪闪发光的翅膀,在自己的岁月里破茧成蝶。

设计意图:把时间和空间还给学生,是对课堂的尊重,更是对学生成长的尊重。学生在游戏中反省自身的不足,并能为弥补不足找到合适的方法、措施。

第三篇章:总结升华

国学共享:学生齐读

国学共享 1:

《孟子》:天将降大任于是人也,必先苦其心志,劳其筋骨,饿其体肤,空乏其身,行拂乱其所为,所以动心忍性,曾益其所不能。

国学共享 2:

《荀子》:积土成山,风雨兴焉。积水成渊,蛟龙生焉。积善成德,而神明自得,圣心备焉。故不积跬(kuǐ)步,无以至千里;不积小流,无以成江海。骐骥一跃,不能十步;驽马十驾,功在不舍。锲而舍之,朽木不折。锲而不舍,金石可镂。

设计意图:让学生在品读优秀传统文化经典中进一步体会破茧成蝶的密码,同时升华本节课主题。

【班会后拓展教育活动】

制作蝴蝶高飞卡

1. 内容:飞翔的目标、具体措施。

2. 周一贴到文化墙上。

设计意图:立足于课内、课外相结合,体现有效学习的过程,有利于学生巩固、加深课堂成果,培养学生的执行能力。

【班会反思】

本节主题活动课总体上来说是成功的,学生在故事中领悟、在游戏中体验、在活动中交流,学生通过积极参与,深刻了解到破茧成蝶的密码,并能尝试用积极的态度面对困难和挫折。尤其是结合生活体验,谈谈自己在遇到挫折时,如何积极面对,并主动与伙伴们分享方法,学到了方法,还体验了分享的快乐。

整堂课突出了学生的参与性、互动性、体验性和领悟性,学生的个体资源得到了充分开发,主体地位得到了充分体现。

莫让情感航船过早靠岸

莱西市实验中学　迟金玲

【背景分析】

最近我们班有个女同学早上在校门口排队入校时,经常与社会上一个男孩站在一起有说有笑。一时间班级中传开了该生在与某男孩谈恋爱的消息,这成了学生课间热议的话题,极大影响了班级风气。我私下了解了一下,原来是我们班级另一个女生介绍自己村里的男生给班级同学认识交往的。

初二年级是学生在初中学习生活最关键的一年,出现的问题从某种意义上来说会影响到整个初中的学业,许多专家认为初二是初中阶段的"分水岭",极易出现早恋问题。这个阶段正是情窦初开,风华正茂的年龄,随着身体的不断发育,心理也将随之发生着微妙的变化,对情和爱新奇,对异性产生朦朦胧胧的好感。学习明显滑坡,失去前进的动力。个别学生上网交友,发生网恋,导致离家出走,甚至上了坏人的当。还有一些学生只要见到男女同学在一起走路或做其他事就会误以为早恋,许多男女学生正常交往也被搞得慌慌张张,不利于男女同学间的正常交往。基于上述思考,确定"莫让情感航船过早靠岸"的主题班会。

【班会目标】

认知目标:让学生对早恋有一个全面的了解,明白当前早恋具有一定的消极影响,从而理智处理情感问题。形成拒绝早恋的自觉意识,树立与异性交往的健康观点。

行为目标:通过这节班会,促进学生与学生间的交流与沟通,鼓励学生敢于发表个人的独特见解与观点,从而增强学生主动发言的积极性。

情感目标:通过这节班会,让学生树立正确的情感价值观,树立远大的理想和信念,认清当前的主要任务在于学习,意识到学习的重要性。

【班会准备】

1. 搜集关于早恋的素材,制作幻灯片。
2. 找 2 位同学进行情景模拟排练;找 8 位同学排练小品。

【班会过程】

一、创设情境,导入新课

播放《泰坦尼克号》和《红楼梦》视频

师:看到这些视频,你联想到了什么?

生:爱情,感动,一生一世……

师:从盘古开天地,三皇五帝到如今,爱情一直是人类传唱不衰、古老而又新鲜的话题,爱情的美好令人憧憬向往。然而有人说,青春期的恋爱像是一朵带刺的玫瑰,常常被它们的芬芳所吸引,一旦情不自禁地触摸,常常会被无情地刺伤。怎样处理青春期的情感问题呢?下面就让我们进入今天的主题班会——莫让情感航船过早靠岸。

设计意图:本节课从播放美好爱情视频开始,顺从了学生对美好爱情的向往,让学生对本节课产生新奇,发生共振。

二、情景模拟,认识早恋——A、B 同学讲故事,C、D 同学情景模拟

A 陈述故事(C、D 同学模拟):刘红同学勤奋、好学、善良,眉清目秀;高强乐于助人、富有才智。他们坐在前后桌,常常一起聊天,讨论学习上的问题。一次,在晚上放学刚出校门,高强神秘地塞了一张纸条给刘红,并叮嘱她回家再看。刘红回到家急忙打开,原来纸条的内容是如此简单。

B 读纸条的内容:自从你坐在我的前面,你学习的热情让我佩服,你甜美的笑脸和声音让我难以忘怀,和你在一起我是多么的快乐,我情不自禁地喜欢上你,为你陶醉!爱你的高强。

交流:针对高强的这种做法,你有什么想说的?

生 1:高强喜欢刘红的勤奋、善良等优点。

生 2:他们在谈恋爱。

生 3:高强不应该给刘红纸条,这样会影响他们之间的友谊。

……

设计意图:情景模拟的事件是学生身边经常发生的,学生容易身临其境。通过学生的交流讨论,引出了早恋的危害。

师:正处于"花季和雨季"年龄的你们,容易对彼此产生好感,从而互相吸引、互相仰慕对方,产生爱慕之情,这是青春期心理变化的原因。如何正确认识、处理异性间的交往问题呢?

下面我们一起先认识一下青春期的早恋。

播放幻灯片:

(一)什么是早恋?

早恋目前是指 18 岁以下,生活、经济尚未完全独立的少年群体的恋爱行为。早恋的原因与生理因素、不良社会影响、家庭因素、青春期教育的缺乏等

有关。

（二）辩论赛：中学生恋爱是"利"大还是"弊"大？

通过现场投票的形式组成辩论正反双方的队伍，并由此展开一场精彩辩论。

预设：

利大于弊，陈述内容：

生1："早恋"能够满足情感的需要，避免孤独寂寞。

生2："早恋"有助于加深对异性的了解，是一种浪漫的行为。

……

弊大于利，陈述内容：

生1："早恋"缺乏对恋爱的真正理解，一旦失败，容易造成心理创伤和精神痛苦。

生2：年龄小，不成熟，看人只看表面，不能深入了解。

生3：影响学习。

生4：感情陷入二人世界的狭小圈子，不利于建立广泛友情。

生5：可能会导致另一个"好奇"，导致情感放纵，结交一些行为不良的社会青年。

生6：可能发生违法犯罪行为。

……

认清早恋的危害，学会处理情感，时刻敲响警钟。

播放幻灯片：

早恋的危害

1. 早恋往往难以持久，缺少承诺，大多是没有结果的；

2. 早恋多半是不理智、不成熟的选择，容易造成过度狂热和痴迷，从而影响学业、影响人生；

3. 早恋在遇到波折——感情转移、争吵、分离等情况时，容易产生偏激行为，如殉情、恶性报复、离家出走、患忧郁症等；

4. 早恋发生于青春期性躁动期，自我约束力较弱，容易发生严重后果。

（三）危害学生的早恋案例

案例一

失恋少年自杀 体内鲜血流出一半

2010 年 9 月 16 日傍晚，某市第一中学校园内发生一幕惨剧，一名高一年级男生因恋人提出分手，用尖锐的玻璃碎片扎破自己胸口，造成严重的心脏破裂，裂口长达 1.5 厘米，生命岌岌可危。

案例二

初中生"情侣"相拥卧轨自杀身亡

×××中学初二八班的小伟、小青男女两同学在牵手进教室时，被老师看见，随后遭到老师教育，认为两人还小，不该有谈恋爱的行为。当天，这两同学便离开学校，在铁路怀柔段相互拥抱卧轨自杀，死于非命。

设计意图：在学生讨论早恋危害的基础上，班主任给出早恋的案例，说明其中的危害，进一步让学生产生拒绝早恋的意识。

师：以上的事例，看了让人心酸。怎样处理男女同学之间的感情呢？大家在汪国真的诗中找找答案吧。请大家齐读汪国真的诗《不，不要说》。

不，不要说

作者：汪国真

不，不要说，

让我们依然保持沉默，

我多么珍惜这天真的羞涩，

你也应保持那青春的活泼。

我们的肩膀，

都还稚嫩，

扛不起太多的责任。

等一等吧，

等你的肩膀更厚实些，

我也懂得了，

什么是成熟的思索。

师:同学们,青春期的爱情之所以称为"早恋",是因为这个时期大家还没有能力承担起应负的责任,还没有能力去处理恋爱时出现的种种问题。因此,"恋爱,应待青春飞扬时"。男女同学之间怎样正确交往呢?下面让我们一起走进——友谊地久天长。

三、友谊地久天长

(一)小品表演

《大扫除》(教室里,一幅大扫除忙碌的景象,女生甲正爬上桌子上的椅子擦电风扇,非常吃力,底下女生扶着,男生甲提水来了)

男生甲:哎,还是我来吧。

女生甲:谢谢(小心翼翼下来,拿拖把拖地,男生甲敏捷地上椅子)

女生乙:(赶忙扶着椅子),哎,小心啊!

师:同学们,在刚才的小品中,我们看到了男女同学之间同样有友情,请同学们思考男女同学之间怎样正确交往呢?

生1:把爱慕之情藏在心里,等成熟后再表达

生2:男女之间不要经常一对一活动,要以集体形式活动

生3:活泼而不轻浮,真诚而不做作

……

师:男女生之间的正常交往,是一种纯真的友情。与异性交往的原则是什么呢?

播放幻灯片:

与异性交往的原则

1. 学会尊重、善于沟通。有的学生与异性交往时,也不管别人受不受得了,什么我喜欢你、我对你一见钟情等没心没肺的话随口而出,这就是对人不尊重。只有相互尊重才能使自己和周围的人变得高尚和有价值。善于沟通则要求异性同学之间应平等和谐地对话,心平气和地相互倾听与理解。异性之间应以小组或集体的形式交往,形成一堆一堆的现象而不是一对一的。讲话的内容也要美好一点。

2. 坦率而不鲁莽,细腻而不絮烦,活泼而不轻浮,真诚而不做作,忠诚而不

失信,华美而不奢侈,深沉而不怪癖,幽默而不油滑。可以说纯洁的友情是快乐的源泉,又是健康的要素。而早恋则相反,早恋滋生的一般是嫉妒、焦虑等消极情绪。

(二)播放歌曲:《友谊天长地久》

师:在了解了如何与异性交往的原则技巧后,我们来欣赏歌曲《友谊天长地久》,也祝愿同学间的友谊能够天长地久,永恒不变。

设计意图:引导学生进行正确的男女之间的交往,增加友谊,促进和谐。

五、结束语

师:通过今天的主题班会,我们每一个稚嫩脆弱的心灵都受了感染,但愿通过今天的班会,让我们全体同学充分认识到我们眼前的中心任务是学业,是学习,面对情感,我们只能精心收藏,小心呵护。让我们在学习中建友谊,树理想,共进退。

【班会后延伸教育活动】

1. 课后,班主任倡导学生在"拒绝早恋,增进友谊"的宣传栏内签字,这样可无形中起到警醒作用。

2. 班主任把异性间的交往原则贴在宣传栏内,学生可以及时对照纠正自己的行为。

【班会反思】

进入青春期的学生,随着身体的不断发育,心理也将发生微妙的变化,对情和爱新奇,对异性产生朦朦胧胧的好感。本节课从播放美好爱情视频开始,顺从了学生对美好感情的向往,让学生对本节课产生兴趣,发生共振。接着情景模拟同学身边经常发生的事情,让学生身临其境。情景模拟结束后让学生谈看法,有些同学谈到早恋,谈到早恋的危害。这时班主任顺理成章地引导学生认识早恋。对早恋的利弊没有进行说教,而是让学生进行辩论,在辩论中加深对早恋危害的认识。接下来班主任总结早恋的危害,在辩论的基础上学生就会产生共鸣。为了让学生对早恋的危害认识更深一些,班主任给出了两个案例。通过以上环节学生认识了早恋的危害,知道怎样处理异性之间的感情。班主任让学生齐读汪国真的诗——《不,不要说》。为引导男女生之间正常交往,设计了第四个环节《友谊天长地久》。先小品表演,然后让学生讨论交流,在交流的基础上,班主任总结男女同学交往的原则。最后,以歌曲《友谊天长地久》达到本节课的高潮。在班会后的延伸教育活动中"拒绝早恋,增进友谊"的班级宣传栏内签字,以及把男女生之间的交往原则贴在班级宣传栏中,都时时刻刻警醒着学生,并指引着学生以正确的方式进行男女之间交往。

以吾辈之青春,青春中国

莱西市城北学校   朱传婷

【背景分析】

当今社会迅速发展,随着世界经济一体化趋势增强和文化的融合,文化碰撞更加激烈。对于青少年来说,生理、心理相对不成熟,更容易被外界新鲜的、刺激的事物所吸引,导致很多同学思想观念甚至行动上崇洋媚外,个人价值观被误导。2020 年以来,受新冠肺炎疫情的影响,国内外的举措对比,相关的热门影视剧如《觉醒年代》《长津湖》等的热播,对学生的思想冲击较大,此契机下召开爱国主题班会,比较容易与学生共情,起到事半功倍的效果。

【班会准备】

学生准备:自己所熟知的英雄人物及其背后的故事。

教师准备:根据教学活动设计制作相关的 PPT、视频、歌曲、图片、卡纸、双面胶等。

【班会目标】

认知目标:通过视频感受今天的幸福生活来之不易,在珍惜的同时铭记英雄们为今天幸福生活所作出的牺牲。

情感目标:通过讲述英雄的故事,感受英雄的魅力,传承榜样的力量。同时,鼓励学生要有一颗感恩与进取的心。

行为目标:形成爱国、爱社会主义、爱中国共产党的世界观;知行统一,努力学习,为实现民族梦、中国梦添砖加瓦。

【班会过程】

环节一:视频导课,共情今天之来之不易

播放视频《古今对话——这盛世如他们所愿》导入新课

师:2021年是中国共产党成立100周年,百年恰是风华正茂。这百年历程中,我们国家有了翻天覆地的变化,人民的生活有了质的飞跃。下面我们一起来通过一段视频进入我们的第一篇章,感受今天的幸福生活。

播放视频《古今对话——这盛世如他们所愿》

师:百年间,我们从国家蒙难到人民解放、红旗飘扬,从民不聊生、山河破碎,到富起来、强起来,从赶上时代到引领时代,这应该是创造辉煌、开辟未来的百年。今日之盛世如他们所愿。

现在的中国,是一个流动的、充满无限活力的、奔跑着的中国。而这一切的起点是1921年中国共产党的产生,这是新中国一个开天辟地的大事件。没有共产党就没有新中国,就没有我们的改革开放,没有我们腾飞的经济,就没有我们现如今的民族自信。所以,中国共产党是我们最正确的选择。

设计意图:通过视频播放,让学生感受今天生活的来之不易,是一代又一代人奋斗得来的。记得前辈们的苦,珍惜今天生活的甜,感恩中国共产党给我们生活带来了翻天覆地的变化,时刻谨记没有共产党就没有今天的幸福生活。

环节二:讲述故事,致敬英雄

师:习近平总书记说过。一个有希望的民族不能没有英雄,百年历程中,涌

71

现了数不清的英雄人物,是他们让中国醒过来,站起来,富起来,强起来!接下来,我们进入第二篇章,致敬英雄,首先,我们一起来说说英雄们的故事

请大家分享令你动容的英雄故事,并总结英雄身上的特质。

预设生 1:莱西英雄解文卿。

预设生 2:杂交水稻之父袁隆平。

预设生 3:……

师:滚滚长江东逝水,浪花淘尽英雄,众多的英雄人物,他们有哪些值得我们学习的特质呢?请同学们分享。

预设生 a:努力、勤奋、坚持……

预设生 b:内心强大——内心强大比什么都重要,接受发生在自己身上的一切。接受自己最耀眼的时候,不骄傲;也要能够接受自己最糟糕的时候,不气馁;接受自己的平淡无奇,不放弃!

预设生 c:要有敢于亮剑的精神,无论何种困难,披荆斩棘。

预设生 d:要有独立思考的能力,不能人云亦云。在日常的生活学习中要有自己的主见,学会与不同的声音共存,坚定己见,活出自己!

预设生 e:自律,冬奥会冠军苏翊鸣就是自律的代言人和榜样。所有的成功无一不是拼搏和努力成就的。

师:从大家的分享中我们不难看出,这些我们敬重的英雄们有一个共同的特质——为自己心中的理想和信念专注地向目标前行!老师想跟大家分享一种最基本的学习能力,也是最为顶级的能力——专注力。清华大学彭凯平教授说专注是一种主动的精神,专注会大大提升我们的学习效率。

活动:请写出你想对英雄们说的话,并在黑板上拼出党徽形状

师:这么多的英雄,他们的事迹让我们动容,大家有没有想对英雄们说的话呢?请把你想对他们说的话写在卡片上,依次贴到我们的黑板上。(教师帮助学生拼出党徽形状)我们来看一下同学们都表达了什么。"哪有什么岁月静好,只是有人替我们负重前行!""袁爷爷,我想您了!""长大后我希望成为你!"最真心的感恩,最美好的理想,希望我们每一位同学常怀这颗感动的心。

设计意图：在这一环节中，通过学生交流、表达，让学生感受英雄，走进英雄事迹，学习英雄精神，常怀感恩之心，并树立自己敬佩的英雄为榜样，砥砺前行。

环节三：从我做起，赓续使命

出示志愿军跨过鸭绿江，棺椁回国的对比图片

师：其实我也想跟大家分享这样的一群英雄。他们是我们语文课本上学过的最可爱的人，他们，漂泊在外 70 余年。到今年为止一共有不到 600 位烈士遗骸回到祖国的怀抱，他们的棺椁上盖着的每一面五星红旗，都是曾经在天安门广场上冉冉升起过的。到底是什么让他们敢于奉献，英勇牺牲？接下来我们通过一段视频来走近他们，聆听他们，感受他们，理解他们。

播放视频《觉醒年代》，体会一代又一代人的担当与责任

通过观看视频我们知道，他们的使命是人人都能当家做主，人人都能受教育，人人都不挨饿受冻，实现民族的独立，再造民族的复兴。但这仅仅是他们的责任吗？不是，这应该是我们一代又一代人的责任，一代人有一代人的长征，一代人有一代人的使命。几十年前，和你们一样大的年轻人在起义，在作战，在用生命为人民谋幸福。我们国家正逢百年未有之大变局，时代的接力棒终会传到各位手中，我们必须要接得稳，跑得远！请进入第三篇章，赓续使命。我们的幸福生活是他们的续集，为了民族再复兴，为了实现中国梦，你愿意担起你的责任吗？那我们要怎样再续我们的使命呢？请大家小组内讨论。

小组活动，交流

播放背景音乐《以吾辈之青春青春中国》

学生分享

第一组：志存高远，树立远大的目标。有目标就有动力！无论任何时候都要有梦想。

第二组：脚踏实地，一步一个脚印，不能好高骛远，纸上谈兵。

第三组：坚持不懈，做任何事情，不能三分钟热度。

师：其实大家分享的很多，从我们的远大理想到我们的每一件小事。只要我们能从自我做起，从点点滴滴做起，厚积薄发，我们一定能够实现目标。我们

一定能够再续我们的使命。我们更需要一种态度——全力以赴。不论做什么事情，不能像我们之前一样尽力就好，而是要全力以赴，做到最好。

其实我们在努力、坚持的前提下，我们还要有一个底线，那就是爱！爱什么呢？爱国，相信我们的中国共产党。只有在这一个大的前提下，我们所有的努力，所有的坚持，所有的理想，才有意义！

之前在网上曾经有这样一段话，说 80 后、90 后是垮掉的一代。但是实践证明，他们不是。当国家需要时，每一代人都在。在 08 年的汶川大地震中，在抗震救灾第一线的是 80 后。2022 年，当我们的家乡莱西突发疫情时，在抗疫前线的主力军是 90 后。相信我们 00 后也会以一种崭新的姿态，登上属于自己的舞台，成为一个时代的中流砥柱。这也是习近平总书记对我们的期望。

其实早在 2019 年，习近平总书记就对青年一代提出了自己的寄语，下面我们一起来聆听一下。

播放视频《习近平同志讲话》

一代又一代的青年人，用自己的实际行动来青春中国。希望你们 00 后，希望在座的你们，也能够发现自己的力量，用青春之我，创青春之中国，拥抱新时代，奋进新时代！引用李大钊先生的话就是以吾辈之青春青春中国。

设计意图：知、情、意、行，所有的感动、梦想最终归于我们的实际行动中，作为新时代的接棒人，勇担自己的责任，鼓励学生以实际行动充实自己，实现自我价值，在适当的年龄做出自己最刚刚好的努力。

环节四：抒发自我，分享收获

通过本节的学习，聆听习近平总书记的讲话，相信每位同学都有所感触，哪位同学想表达一下？请大家说一说。

学生分享

师：今天我们站在两个一百年的一个转折点上。我们既是过去辉煌的见证者，又是伟大征程的开拓者、建设者。这就需要我们每一个人心中要有信仰，日积月累，厚积薄发，手中就有力量。正如中国政法大学郭继承所说，国运来了，看见你们就看见中华民族的希望。因为强国有你们！这样我们就会有信心对党做出承诺。

预设:"请党放心,强国有我"!

师:梁启超的《少年中国说》中写道:今日之责任,不在他人,而全在我少年。少年智则国智,少年富则国富;少年强则国强,少年独立则国独立;少年自由则国自由,少年进步则国进步;少年胜于欧洲则国胜于欧洲,少年雄于地球则国雄于地球。(此部分师生共读)最后,老师想对你们说:"加油,中国少年!谢谢大家!"

设计意图:一代人有一代人的长征,未来中国的样子,就是我们新一代人的样子,正如郭继承教授所说,看到"他们",就知道我们的国运要来了。从情感上去渲染,让学生的"心"动起来。

【班会延伸教育活动】

选择自己敬佩并学习的英雄事迹,张贴于自己书柜,勤以自勉。

以小组为单位,制定自己的长远目标与短期目标,相互督促实现。

【班会反思】

本次班会以《新时代爱国主义教育实施纲要》为指导方向。同时 2021 年是中国共产党成立 100 周年,国家有了翻天覆地的变化,人民的生活有了质的飞跃。作为青年一代,在网络发达的今天,看到直面防疫的英雄人物,了不起的人民子弟兵,平凡人平凡岗位上的一些不平凡事迹,内心感触良多。

抓住契机,让学生有一颗感恩的心,向英雄学习,将英雄的事迹内化于心,外显于行,让学生初悟作为中学生、作为"接棒人"我们要承担的责任,形成正确的爱国观念,并能知行统一。

厉行节约,反对浪费

莱西市实验中学 潘泽群

【背景分析】

初二年级面临着承上启下的双重任务。这一时期既是学生发展潜力的时期,也是一个产生变化的时期。进入初二以后,学生自主、独立意识增强。由于生理和心理发育的急剧变化,老师们更需要认识到初二阶段正是他们成长发展的转折点,也是教育的关键时期,只要把握住教育的时机,给予他们及时的帮助和指导,学生就会顺利地跨过这个分水岭,并且为他们自己的人生之路增加一笔宝贵的财富。当今社会日益发展,物质水平不断提高。学生往往没有主动节约的意识和习惯,造成中午在校午餐的学生浪费现象非常严重。本节主题班会是对学生节约意识的深度教育,目的在于培养学生的节约意识,塑造节约品质。

在《中小学德育工作指南》中明确指出要加强节约教育,开展节粮节水节电教育活动。在日常教育教学活动中落实活动育人、实践育人的途径和要求,引导学生养成勤俭节约、低碳环保的生活习惯,形成健康文明的生活方式。2013年3月22日教育部印发《关于在中小学幼儿园广泛深入开展节约教育的意见》,文件要求对青少年儿童进行勤俭节约教育,使他们从小养成勤俭节约思想意识和行为习惯,这样不仅有利于他们自身的健康成长,而且会影响家庭和社会,关系到国家和民族的未来。加强节约教育意义重大,刻不容缓,各地中小学要组织学生开展以勤俭节约为主题的体验活动。观察了解节粮节水节能的知识和方法,开展相关研究性学习。各地要把节约粮食教育作为节约教育的重中之重,切实抓紧抓好,务求成效。每所学校、幼儿园都要制订防止餐桌浪费的具体办法,并真正落到实处。

"历览前贤国与家,成由勤俭败由奢。"铺张浪费绝非小事。"小米粒"关系到"大民生",无论是一个家庭的富裕,还是一个国家的强大,都离不开开源节流、勤俭持家。2013年11月18日,中共中央、国务院印发《党政机关厉行节约反对浪费条例》,成为从源头上狠刹奢侈浪费之风的综合性、基础性党内法规。习近平总书记一直提倡"厉行节约、反对浪费"的社会风尚,多次强调要保持艰苦奋斗、勤俭节约的作风。2019年3月5日习近平总书记在参加十三届全国人大二次会议内蒙古代表团审议时发表讲话"无论我们国家发展到什么水平,无论人民生活改善到什么地步,艰苦奋斗、勤俭节约的思想永远不能丢。艰苦奋斗、勤俭节约不仅是我们一路走来发展壮大的重要保障,也是继往开来、再创辉煌的重要保证"。

由此可见,艰苦奋斗、勤俭节约既体现党的优良传统、引领时代风尚,同时也是一种时代精神、文明精神。作为教育工作者,更应该在平时的教育德育工作中渗透勤俭节约的意识,让学生养成良好习惯,形成积极健康的人格和良好心理品质,促进学生核心素养的提升和全面发展,为学生一生成长奠定坚实的思想基础。

【班会目标】

认知目标:通过本次主题班会,使同学们认识到周围所发生的浪费现象并了解其严重性。

情感目标:弘扬艰苦奋斗、勤俭节约的民族精神,养成良好习惯,形成积极健康的人格和良好心理品质。

行为目标:号召全体同学积极响应习近平总书记的号召,以"小手拉大手"的方式带动身边人一起参与到"厉行节约,反对浪费"的活动中。

【班会准备】

学生准备:提前搜集、调查身边的浪费现象和古今中外名人节约的例子,制作勤俭节约手抄报。

教师准备:餐桌上铺张浪费的相关视频,浪费造成的经济损失数据以及相关的课件、图片,小奖品。

【班会过程】

环节一:导入新课

根据图片猜古诗《悯农》

师:同学们猜到这是哪首古诗了吗?作者通过这首诗想要表达什么观点呢?

生:各抒己见(《悯农》。要节约粮食,不要浪费,劳动不易)

师:是的。一粥一饭当思来之不易,我们生在新时代,长在新时代更应该牢记节俭是一种美德,是中华民族的优良传统。今天的班会课,我们就一起来探讨一下《厉行节约,反对浪费》。

设计意图:以辛勤劳作的图片,引出《悯农》这首诗,引发学生的思考。

环节二:找问题,想对策

师:随着咱们国家经济的发展,物质条件日益丰富,生活水平大幅度提升,浪费也日益严重,请同学们先观看一段与吃播有关的视频。

师:为什么视频中吃播的这种行为饱受批评?

生1:为了博人眼球,浪费了大量食物,与节约精神相悖。

生2:损害了身体健康,传播了不良饮食习惯。

生3:为了追求流量,节目效果作假,带坏社会风气。

师:现在粮食短缺已经成为一个全球性的问题,很多国家的国民长期食不果腹、营养不良,而我们国家每年因为浪费造成了巨大的经济损失,请大家看数据和图片。

师:同学们看完之后有什么感想?

生1:看起来可能只是发生在身边的浪费,却能造成这么大危害。

生2:一旦发生粮食危机,很可能给世界造成混乱。

生3:粮食短缺危机还有可能会导致很多国家的政权处于不稳定的状态,也会有更多的人会饿死。

生 4:浪费不仅仅体现一个人的品德修养,更关乎着一个国家的前途命运和社会稳定。

生 5:在平时的生活中,我们要从自身做起,不浪费粮食。

师:嗯,国家很早就意识到了问题的严重性。我们来看看习近平总书记是怎么说的。2020 年 8 月习近平总书记对制止餐饮浪费行为作出重要指示"要加强立法,强化监管,采取有效措施,建立长效机制,坚决制止餐饮浪费行为。要进一步加强宣传教育,切实培养节约习惯,在全社会营造浪费可耻、节约为荣的氛围"。

师:请同学们想一想你该如何去做?

生 1:外出吃饭,吃不完的可以打包带走。尤其是节日聚餐等。

生 2:每天在学校就餐时,吃多少就盛多少,吃完再盛,落实光盘行动。

生 3:每天在家吃饭时也和父母沟通做饭的量,避免浪费。

生 4:买菜时,进行合理规划,避免一次买太多。

生 5:外出吃饭,适当点餐,吃完可以再点,避免一次点太多。

生 6:自己做到不挑食,不浪费,合理饮食。

师:同学们的想法都非常好。希望我们可以落实到生活中去,真正做到节约粮食。那么,同学们再想一想,在日常生活中除了食物的浪费,你还见过哪些浪费的现象?

生 1:刷牙,洗手打香皂时,不关水龙头造成水资源的浪费。

生 2:浪费纸张,不会节约用纸,环保用纸。

生 3:出门没有随手关灯、关电视。夏天空调开得太冷,浪费电。

生 4:旧的衣裤不穿,总爱买新的衣服;互相攀比,追求新异穿名牌,造成穿衣浪费。

生 5:有些同学的学习用品铅笔、橡皮、书本等还没用完就扔掉,造成浪费。

生 6:使用一次性纸杯、一次性筷子,造成资源浪费。

师:我们该如何改进或避免浪费呢?

生 1:做到"人走灯灭,人离扇停,光线充足时不开灯"。下班后就电脑关机,拔掉电源。节约用电。

生2:空调,夏天开空调不要低于26°,这样不仅保护健康还省电,夏天空调耗电量非常大,调高一度就能省不少电。不用电器时把插头拔掉,电源关掉,尤其是手机充电器,节约用电同时注意用电安全。

生3:节约用水,随手关水龙头。可以用淘米的水浇花,冲厕所。

生4:发现水龙头漏水,要及时找维修人员修理。

生5:在学校公共水龙头附近张贴节约用水标语。

生6:学习用品尽量用完再进行更换。书本、演算纸等用完之后可以回收使用,不要直接扔进垃圾桶。

生7:出门吃饭或者在学校吃饭,自带餐具,避免使用一次性餐具。

生8:不相互攀比,勤俭节约。

师:看来同学们都充分认识到了身边的浪费现象,而且积极动脑思考想出各式各样节约的小妙招。我希望大家对勤俭节约不仅仅停留说在口中,更多的是落实到我们的课下生活中。

设计意图:通过视频、图片、资料引导学生发现节约粮食的重要性。通过小组合作讨论如何从自身做起节约粮食。让学生将节约粮食从意识落实到行动中。再次通过学生举例自己发现的生活中的其他浪费现象,让学生充分感知生活,发现生活,同时理解勤俭节约的意义和价值。通过小组讨论身边的浪费现象和改正措施,激发学生节约的意识和观念,并内化于心。

环节三:举例子,谈收获

师:下面请同学们分享一下大家课前搜集的勤俭节约的名人故事和手抄报。

生:学生分享搜集的名人故事、名人名言。展示自己的手抄报,并简单说说自己的绘画历程和主题。

生1:朱元璋的故乡凤阳,还流传着四菜一汤的歌谣:"皇帝请客,四菜一汤,萝卜韭菜,着实甜香;小葱豆腐,意义深长,一清二白,贪官心慌。"朱元璋给皇后过生日时,只用红萝卜、韭菜,青菜两碗,小葱豆腐汤,宴请众官员。而且约法三章:今后不论谁摆宴席,只许四菜一汤,谁若违反,严惩不贷。大家看,就连古代皇帝都能做到勤俭节约,更何况是我们呢?希望同学们和我一起从身边点滴做起,勤俭节约。

生2:唐宋八大家之一的苏轼21岁中进士,前后共做了40年的官,做官期间他总是注意节俭,常常精打细算过日子。公元1080年,苏轼被降职贬官来到黄州,由于薪俸减少了许多,他穷得过不了日子,后来在朋友的帮助下,弄到一块地,便自己耕种起来。为了不乱花一文钱,他还实行计划开支:先把所有的钱计算出来,然后平均分成12份,每月用一份;每份中又平均分成30小份,每天只用一小份。钱全部分好后,按份挂在房梁上,每天清晨取下一包,作为全天的生活开支。拿到一小份钱后,他还要仔细权衡,能不买的东西坚决不买,只准剩余,不准超支。积攒下来的钱,苏轼把它们存在一个竹筒里,以备意外之需。

生3:我要讲的是周恩来总理勤俭节约的故事。他一贯倡导勤俭建国、艰苦奋斗,要求"一切招待必须是国货,必须节约朴素,切忌铺张华丽、有失革命精神和艰苦奋斗的作风"。朱光亚同志曾回忆过这样一则故事:1961年12月4日召集专门委员会对当时第二机械工业部的一个规划进行审议,会议从上午开到中午还没结束,周总理留大家吃午饭。餐桌上是一大盆肉丸熬白菜、豆腐,四周摆几小碟咸菜和烧饼。周总理同大家同桌就餐,吃同样的饭菜。这个故事至今听来仍让人觉得很有教育意义。正是这一桩桩、一件件小事,铸就了他伟大的人格魅力,使之成为中华民族传统美德和光荣传统的化身!

生4:雷锋在生活中处处注意节约,他参军后,每月领到的津贴费,除了交团费、买书等生活必需品外,其他全部存入储蓄所。他的袜子总是补了穿,穿了又补,袜子变得面目全非了还舍不得买双新的。搪瓷脸盆和洗口杯有许多疤子,还不愿意丢掉另买。他的内衣也补了许多补丁。但部队发夏装时,按规定每人可领两套单军装,两件衬衣、两双鞋,而雷锋却只领一份,说是"够穿了"。我觉得虽然我们现在的生活条件比较好,也要学习雷锋勤俭节约的品质。

生5:这是我画的勤俭节约的手抄报。在制作手抄报的时候我查阅了很多关于勤俭节约的故事。比如我手抄报画的是以习近平总书记在河北阜平县看望困难群众时,晚餐要求简单的"四菜一汤"为背景,再加上自己的色彩进行勾画。我觉得习近平总书记都能坚持身体力行,勤俭节约,我们更应该做到。

师:同学们分享了这么多故事,大家从这些名人故事中都有哪些收获呢?

生1：从古至今勤俭节约一直是中华民族的传统美德，我们要继续把这个优良传统发扬下去。

生2：我也要学习他们勤俭节约的品质，从身边小事做起，厉行节约。

生3：作为新时代的接班人，我们一定要继续发扬中华民族的传统精神勤俭节约。

师：看来同学们都有了自己的想法，最后我们以小组为单位，拟一封主题为"厉行节约，反对浪费"的倡议书。

生：为弘扬中华传统美德，倡导进取健康的文化风尚，在此我倡议：树立节俭意思，做厉行勤俭节约，反对铺张浪费的传播者。争取投身其中，做厉行勤俭节约，反对铺张浪费的实践者。引领良好风尚，做厉行勤俭节约，反对铺张浪费的示范者。

设计意图：勤俭节约是中华优秀传统文化的重要内涵，通过列举名人事迹、课前手抄报、名人名言等方式，让学生更加深刻领会勤俭节约的优秀传统是中国文化的传承，同时通过分享故事激发他们的爱国情怀，弘扬我国优秀传统文化。

【班会后延伸教育活动】

在课后，延伸节约到日常生活中，教育学生将厉行节约的思想传递给父母，倡导以家庭为单位开展节约活动，在班级中每周评比出节约小能手进行表彰，在课堂上引导学生不仅要节约粮食、水电、纸张，更要节约时间，珍惜时间，努力学习。

【班会反思】

本次主题班会以厉行节约反对浪费为题，开展节约教育，引导学生养成好的思想品德和行为习惯。

本次主题班会以学生活动为主线，首先创设情境，以《悯农》导入课题，再结合视频、数据、图片和自己的生活实际，引发学生对浪费的思考，在思考中感悟节约的重要性。

通过古今名人事迹的例子，深化主题，体会勤俭节约是中华民族传统美德,节约教育也是中华传统文化的重要内涵,增强学生的民族自豪感,增进文化自信,培养爱国情怀。

在日常教学过程中,继续渗透节约教育,教育学生要珍惜时间,努力学习,为自己的人生道路系好每一粒扣子。

传承民族精神,同心共筑中国梦

山东省莱西市实验学校　王淑娟

【背景分析】

学情分析:现在中学生受家庭和社会的影响,学习动力不足,缺乏明确的学习目标、学习计划、抱负和理想,求知欲和上进心不足,多以消极的态度来对待学习。针对学生的学习动力不足,最关键是要激发他们的学习兴趣,做一个有梦想、有理想的新时代好少年。

主题解析:中华民族精神是中华民族团结和国家统一的精神纽带,为落实立德树人的根本任务,要求内化为学生的自我需要,由他律转化为自律,最终实现学生的自我教育,以培养德智体美劳全面发展的社会主义建设者和接班人为终极旨归。为有效落实立德树人的根本任务,对学生进行良好的德育教育,选取令国人骄傲的"女排精神"作为主题班会的突破口,女排精神是中国女子排球队顽强战斗、勇敢拼搏精神的总概括。作为新时代的每一名少年应传承这种民族精神,学习中国女排团结协作、顽强拼搏、永不服输的精神。学习抗疫英雄为祖国和人民顽强拼搏的无私和伟大的精神,鼓励学生挑战自我,永不言弃,为实现自己的梦想而努力拼搏和奋斗!基于以上思考,确立以"传承民族精神,同心共筑中国梦"为主题的班会。

【班会目标】

1. 认知目标:通过本次活动,学生能够充分认识到民族精神内涵,了解顽强拼搏、团结协作、永不服输的重要性。

2. 行为目标:通过本次活动,学生能够不畏艰难、坚持不懈,勇于超越自我。

3. 情感目标:通过本次活动,培养学生积极进取、奋发有为的意识和百折不挠、永不放弃的精神,增强学生实现中华民族伟大复兴的历史使命感和时代责任感。

【班会准备】

学生准备:小组合作查找女排训练时的图片,搜集疫情防控期间的感人图片。

教师准备:网上查找女排夺冠视频,录制歌曲《愿你》,搜集学生学习生活中的点滴照片、视频,逆行者的图片。

【班会过程】

环节一:创设情境,引入主题。

1. 师:同学们,今天我们班会课的主题是什么呢?大声齐读——传承民族精神,同心共筑中国梦。民族精神是一个民族赖以生存和发展的精神支柱,是推动中华民族走向繁荣富强的精神动力,是中华民族之魂。它激励着中华儿女取得了一个又一个胜利,创造了一个又一个奇迹!

2. 师:同学们看过《夺冠》这部影片吗?出示电影《夺冠》图片。

生:看过。

师:能简要地说一说这部电影讲述的是什么吗?

学生交流自己的感受。

预设

生1:中国女排夺冠的故事。

生2:中国女排刻苦训练,为了夺冠拼尽全力。

……

师:四十多年来,中国女排,这个响亮的名字令每一个中国人深感骄傲。

我们一起来观看中国女排四场重要比赛的精彩瞬间,感受中国女排的精神风貌。

设计意图:激趣导课,创设情境,通过电影《夺冠》图片,引导学生讲述中国女排的故事,激发学生探究中国女排精神的兴趣,引入对班会主题的探究,以图文的视觉冲击力引发学生迅速切入课堂情境。

环节二:视频解读,情感内化。

板块(一):欣赏中国女排夺冠的精彩瞬间

播放:1981年女排世界杯,2008年北京奥运会,2016年里约奥运会,2019年女排世界杯,这四年中国女排夺冠后登上领奖台的合成视频。

师:观看了这段视频,大家有什么感受?

学生交流自己的感受。

预设

生1:中国女排登上领奖台的瞬间,中国沸腾了、世界华人的热情被点燃了。

生2:作为中国人感到无比的骄傲和自豪。

生3:向中国女排学习。

……

板块(二):辉煌背后的艰辛

师:没有随随便便的成功,女排姑娘们成功的背后有着我们无法想象的艰辛和汗水。她们平时是怎样训练的呢?同学们请看。

播放女排姑娘大年初一不能和家人团圆,仍然坚持刻苦训练的视频。

师:视频中播放的是女排姑娘们千千万万个训练日中极为普通却又极不普通的一天,普通是因为女排姑娘们每一天的训练都是这样的,老师说这一天不普通又是因为什么呢?视频中的这一天是哪一天呢?哪位同学能告诉我?

生:大年初一。

师:你很细心,注意到了这段视频开始的一个镜头——烟花。

师:大年初一,我们在做什么?而中国女排在做什么?

学生自由回答。

预设

生 1:我们在吃饺子,合家团圆,而中国女排在刻苦训练。

生 2:放假的时候都能坚持训练,我们要向中国女排学习。

······

师:对,中国女排的成功来自每一个日日夜夜的努力。掌声送给××同学,掌声送给中国女排。

设计意图:从女排背后的刻苦训练中学习她们不畏艰难、勇于超越自我的精神,深入探究成功背后的因素,让学生学会分析,学会内化,实现内心的情感迁移。

板块(三):困境中的坚强

师:生活的路从来不是一帆风顺。2021 年,中国女排在东京奥运会上小组赛失利,提前结束了东京奥运会之旅,你能接受失利的中国女排吗?

生:能!

师:胜败乃兵家常事,哪有什么常胜将军,赛场上有赢也有输,但无论是输是赢,中国女排的精神永在。

你觉得中国女排的精神是什么呢?

学生分组讨论

师:下面每组找一个代表说一说中国女排精神是什么?

预设

生 1:女排精神不是赢得冠军,而是有时候知道不会赢,也会竭尽全力。只要你打不死我,我就和你咬到底。就算只有 1% 的希望,也要尽 100% 的努力。

生 2:无论什么时候,都不能轻言放弃。

生 3:遇到困难就要坚持,要勇于克服,不能放弃,坚信自己一定能取得成功。

生 4:不畏艰难、勇于超越自我的精神。

······

师:这些组总结得非常的棒!掌声送给他们。

师:中国女排的精神是什么呢?请同学们大声齐读。(出示课件)

中国女排精神:无私奉献,团结协作。艰苦创业,永不服输。顽强拼搏,永不言弃。坚持不懈,自强不息。

师:在这个特别的春天,我们的莱西人民,也和中国女排姑娘们一样打了一场漂亮的疫情防控阻击战。我们是怎样战胜来势汹汹的疫情的呢?

课件出示:逆行者,教师上网课,穿着隔离服给住宿学生搬被褥,学生在家上网课,整理房间,表演节目的图片。由全体老师自编自唱的歌曲《愿你》的视频。

预设

生1:我们的成功离不开党和政府的正确领导。

生2:我们的成功离不开莱西人民众志成城,迎难而上的付出。(包括医务人员,警察,志愿者,教师……)

生3:我们的成功离不开听党的话,居家隔离,做好核酸,上好网课。

师:我们的坚持很莱西,我们的坚持很青岛,我们的坚持很山东,我们的坚持很中国! 所以我们迎来了春天,我们复学了。

"有静待花开的春天,没有坐享其成的人生。"请同学们谈一谈今后你打算在学习或生活中怎么做? 怎么回报社会呢?

预设

生1:学习要有目标、有计划,不怕困难,坚持不懈。

生2:坚持体育锻炼,提高学习效率。

生3:从小事做起,磨砺自己,培养不怕困难、勇于拼搏的精神。

……

设计意图:通过观看中国女排四场重要比赛的精彩瞬间,让同学们感受一下中国女排的夺冠之路。从女排背后的刻苦训练中学习她们不畏艰难、勇于超越自我的精神。针对2021年奥运会失利,进行小组讨论和分享,感悟中国女排背后闪耀的"女排精神",汲取把困难踩在脚下、把责任扛在肩上、把梦想化作风帆的精神力量,弘扬新时代的女排精神。让学生们体会到女排精神不是赢得冠军,而是有时候知道不会赢,也会竭尽全力。同样在我们的生活中也能遇到很多困难,比如面对今年春天突如其来的疫情,我们不屈不挠,迎难而上,最后获得了抗疫的胜利,我们重返校园。

环节三：传承精神，迁移拓展。

1. 师：我们要传承和弘扬女排精神，把女排精神用到我们日常生活和学习中。下面交流一下，你们在生活和学习中，哪些地方用到了女排精神呢？

学生交流自己的感受。

预设

生1：在拔河比赛中，我们不怕苦、不怕累，团结协作，最后取得了第一名的好成绩。

生2：在学习中坚持不懈，顽强拼搏，遇到困难也不轻言放弃。

……

师：这些组说得非常棒！掌声送给他们。

师：其实啊，咱们班的同学在不知不觉中已经把女排精神融入了学习和生活中。同学们，你们参加过的这些活动还能记得吗？哪个同学能上来分享一下你参加这些活动的心得体会呢？

出示本班学生在"诗词大会"和"第三十一届中小学生艺术节合唱"比赛上的获奖图片，让两位同学上台将自己参加活动时的心得体会讲给同学们听。

2. 学习和生活中还可以怎样做？

师：我们只做了一小部分，还可以做得更全面，那我们还可以怎样做？

预设

生1：我们要个人、班级、学校荣誉"三剑合一"，不能仅考虑自我和个人荣誉。

生2：我们要建设祖国，为祖国做贡献。

……

设计意图：将中国女排精神融入学习和生活中，传承中国女排精神，通过创设情景对话，逐步内化班会内涵，学生基于问题的表达即是课堂需要生成的学习目标。

环节四：主题升华，情感共振。

师：习近平总书记曾说：广大人民群众对中国女排的喜爱，不仅是因为你们夺得了冠军，更重要的是你们在赛场上展现了祖国至上、团结协作、顽强拼搏、永不言败的精神面貌。女排精神代表着一个时代的精神，喊出了为中华崛起而拼搏的时代最强音。

播放视频:习近平总书记对青年寄予的期望

看完视频,全体起立宣誓:请党放心,强国有我! 中国加油! 5班加油!

师:同学们,你们是祖国的希望,少年强则国强。希望同学们能学习、传承女排精神,祖国至上、团结协作、顽强拼搏、永不言败! 为共筑中国梦贡献自己的力量。

设计意图:牢记习近平总书记教诲,要具有远大理想抱负,要有深厚的家国情怀,要有伟大的创造力,无论过去,现在,还是未来,实现中华民族伟大复兴的先锋力量,要勇做走在时代前列的奋进者、开拓者、奉献者。毫不畏惧面对一切艰难险阻,在劈波斩浪中开拓前进,在披荆斩棘中开辟天地,在攻坚克难中创造业绩,用青春和汗水创造出让世界刮目相看的新奇迹,要以实现中华民族伟大复兴为己任,增强做中国人的志气、骨气、底气。不负时代,不负韶华,不负党和人民的殷切期望。在日常生活和学习中发扬民族精神,挑战自我,永不言弃,团结协作,做最好的自己。

【班会后延伸教育活动】

传承民族精神是实现有价值人生的德育途径。因此课后延伸设计两个活动① 种植一盆属于自己的绿色植物;② 诗歌朗诵"厉害了,我的国"。

要求:

1. 在家里种植一盆绿色植物,每个月将种植的植物拍照张贴在班级文化墙上,比一比谁种植的植物好。

2. 利用晨读时间,每位同学在班级朗诵,并推荐朗诵好的同学参加学校朗诵比赛。

设计意图:通过"种植一盆属于自己的绿色植物"及诗歌朗诵"厉害了,我的国"比赛,开展以"传承民族精神"为轴线的班级活动,持续性而又实效性地对学生进行爱国主义教育。

【班会反思】

中学生正处于身心发展的快速期,是道德情感培养的关键时期,现在的学生，多数时候碰到困难不能积极想办法去解决，为此让学生学习这种民族精神，开展班会帮助学生了解女排精神，学习中国女排团结协作、顽强拼搏的精神；了解疫情下，我们身边人民群众的团结协作，感受到无数抗疫英雄为祖国和人民顽强拼搏的无私和伟大的精神，更深切地感受到中华民族无与伦比的凝聚力和向心力。鼓励学生挑战自我，永不言弃，团结协作，做最好的自己，迎接更美好的明天。

本次主题班会以"传承民族精神"为主线，引导学生从身边的小事做起，从小树立民族自尊心、自豪感，树立起建设祖国的决心。弘扬民族精神，传承民族文化，让这种精神代代相传，争做新世纪的接班人。

首先创设情境，激趣导课，通过夺冠图片，引导学生讲述中国女排的故事，激发学生探究中国女排精神的兴趣，引入对班会主题的探究。在《夺冠》影片的影响下，学生对中国女排的故事有了一定的了解，对中国女排精神有了充分的认识，结合自己的生活实际，寻找自己在学习和生活中是怎样发扬女排精神的，体会感悟中国女排精神无处不在，要铭记于心、付诸行动。通过疫情防控期间感动的人和事，让学生明白面对疫情，我们不屈不挠，迎难而上，最后获得了抗疫的胜利。培养学生积极进取、奋发有为的意识和百折不挠、永不放弃的精神，增强学生实现中华民族伟大复兴的历史使命感和时代责任感。

最后以习近平总书记对青年寄予的期望，激励学生做最好的自己，升华主题。

课后，通过延伸教育活动"种植一盆属于自己的绿色植物"及诗歌朗诵"厉害了，我的国"比赛，开展以"传承民族精神"为轴线的班级活动，潜移默化对学生进行爱国主义教育。

本节主题班会课容量适中，以"女排精神"为话题切入，融入图片、视频、文字和口头讲述，丰富课堂手段，通过精心预设的几个主题环节和问题贯穿，注重学生基于问题情境的课堂生成与表达，进而逐步将本节课主题渗透进学生的学习过程中。课堂既有安静的观看，又有激烈的讨论，更有精彩的表达生成，基本上完成了主题班会的全部预设内容。更重要的是将本节课学习成果深化至学生学习生活的方方面面，真正实现情感与价值观的提振。

时代责任、青春担当

莱西市实验中学　姜　晗

【背景分析】

习近平总书记指出："青年是整个社会力量中最积极、最有生气的力量,国家的希望在青年,民族的未来在青年。今天,新时代中国青年处在中华民族发展的最好时期,既面临着难得的建功立业的人生际遇,也面临着'天将降大任于斯人'的时代使命。"百年征程波澜壮阔,英雄浩气万古长存。青年的肩上,不只有清风明月,更有责任与担当。

我们在班级管理中发现,一部分学生责任心比较弱,对家庭一味索求,孝心淡漠;对集体张扬个性,不讲原则;对自己不思进取,得过且过。以自我为中心,难以自觉承担责任,更别提为别人承担什么;自己做错了事,还会寻找各种借口推卸责任。"知责任者,大丈夫之始也;行责任者,大丈夫之终也。"我设想通过本节主题班会,激发学生的责任感,知行合一,坚定担当责任,时代向前,吾辈向上。

【班会目标】

1. 认知目标:认识到什么是责任及承担责任的重要性,增强学生在成长过程中的责任意识,不断增强对自己、家庭和集体的责任感。

2. 情感目标:学会对自己负责,对他人负责,对集体负责,对家庭负责,树立正确的人生观、价值观。

3. 行为目标:使学生自觉承担并懂得如何承担责任,为今后走向社会,服

91

务社会奠定基础。

【班会准备】

网上查找抗疫英雄故事、习近平总书记《在同各界优秀青年代表座谈时的讲话》视频,搜集时代责任与担当的素材制成幻灯片,找 6 名学生排练情景剧。

【班会过程】

环节一:知责任

讲故事:《抗疫英雄》

沽河街道孙受新村西赵格庄王亚琪是银行职员,疫情发生后她开始了居家办公。看着村委工作人员和医护人员忙碌的身影,王亚琪在安排好自己的工作之后,接着投身于志愿者行列,第一次穿上臃肿封闭的防护服,她真实感受到了工作人员的辛苦。"负责登记证件的工作人员是 99 年的,比我还小 2 岁,已经连续工作了三天两夜,没有时间吃饭、喝水、上厕所,但大家都毫无怨言,尽职尽责,都在为我们这个城市努力奋斗,期待春暖花开的一天。在这里,我看到了温暖,看到了责任,明白了自己的使命,作为一名共产党员,作为 95 后青年,我将和所有奋斗在一线的同志们一起,早日结束这场疫情!"

师:哪有什么超级英雄,不过是一个又一个平凡人在尽己所能。这些有爱、有担当的人们,主动承担了责任,抗击疫情,才会有"莱"日无恙,"西"日可期。请大家思考一下,一个有责任心的人,他(她)的身上会有哪些特质呢?

(学生分组讨论,推选代表发言)

预设

生 1:有责任之心的人,能够做好分内的事,如履行职责、尽到责任、完成任务等。

生 2:有责任之心的人,拥有勇于自我担当的品格。勇于担当责任的人,总是在关键时刻挺身而出,肩负起重任。

生 3:有责任心的人,如果没有做好自己的工作,他(她)会主动承担后果,完成自己的义务。

……

教师:同学们从不同的角度提出了对承担责任的看法。一个有责任心的人会得到全社会的认可,他(她)对自己做的事有着一种爱,对自己做错的事也能够主动承担,弥补过错。

播放幻灯片:工人的责任是建造高楼;军人的责任是保卫国家;教师的责任是传道授业;医生的责任是治病救人。

师:同学们,大家作为中学生,作为青年人,作为父母的孩子、班集体的一员、祖国的希望,都需要承担哪些责任呢?

预设

生1:作为中学生,我们有刻苦学习,健康成长的责任;

生2:作为青年人,我们有传承文化,探索创新的责任;

生3:作为孩子,我们有承担家务,孝顺父母的责任;

生4:作为集体的一员,我们有维护集体,增添荣誉的责任;

生5:作为祖国的希望,我们有建设祖国的责任。

……

师:每一个人都应该有这样的信心:人所能负的责任,我必能负;人所不能负的责任,我亦能负。如此,大家才能磨炼自己,求得更高的知识,进入更高的境界。

设计意图:以身边的故事调动学生情绪,引出对于责任的思考,明确自己的责任。

环节二:懂责任

情景剧:《又是躺平的一天》

由6名学生扮演某公司的6名员工:

员工1:蔑视本职工作,认为本职工作要不要无所谓。标志性语言:"这活干了有啥用啊?"

员工2:不学无术,不具有做好本职工作的能力,还不努力掌握做好工作所必需的知识、技能,搪塞工作安排。标志性语言,"我还不会,让别人做吧""我还不懂,让别人做吧"。

员工3:马虎应付,对于自己承担的工作,随随便便,不求高质量、高品质,总是让领导、同事给自己的工作进行修正。标志性语言:"我就这水平!""我能力就这么高!"

员工 4:被动执行,不安排就不做,安排了凑合着做,从不主动想工作的内容是什么,标准是什么,我该做什么,我该怎么做。标志性语言:"领导安排的我都做了。""没有人给我说让我做。""没有人给我安排去做什么。"

员工 5:牢骚满腹:对于自己的工作,总觉得不该自己做;做一点工作就觉得冤枉。标志性语言:"我手头活多着呢!""咱命苦啊!""我还不如干什么呢!"

员工 6:在别人躺平时,默默无闻地把"解难题"作为机会和试炼,主动把工作担起来,把任务落实下去。

最后公司整顿,前 5 名员工全部被开除,以失业收场。而第六名员工,成为公司的技术骨干,升职加薪,带领新来的员工,创造公司的辉煌。

师:感谢同学们的精彩演出,我想问一下大家,你们想成为剧中哪位员工呢?

全班异口同声:当然是第六名了。

师:是啊,人人都想成为剧中的第六名员工。有一句话说:"船在负重时最安全,空载时最危险。"这里的船为什么有一定的重量时是安全的?

(学生分组讨论,推选代表发言)

生 1:空载时,我们只能图一时之快,当遇到风浪,就容易翻船了,所以我们应该承担一定的重量,就像学习生活中必须承担责任一样。

师:非常好,人生就像一艘行驶在海中的船,我们不应该丢掉船的负重,从而失去了面对狂风暴雨掌舵的准备。

设计意图:通过正反两方面的例子,激发学生内心碰撞,讨论价值选择。通过船的隐喻,让学生明确履行责任的重要意义。

环节三:负责任

幻灯片:有的时候,责任能让我们跌宕到低谷,也能让我们走到人生的高峰。

师:在成长的过程中,大家有没有因为之前的不负责任而感到后悔的事情呢?

预设

生1:冬天值日时,我为了少干一点活常常迟到,没能评上三好学生。

生2:我之前没有尽好课代表的责任,起一个好的带头作用,自己都没有认真写这门学科的作业,总抱着侥幸的心理,辜负了老师的信任。

生3:旅游的时候,我在树林里随便扔了一个矿泉水瓶,学了凸透镜后,知道这种行为可能会引发火灾。

生4:我晚上不认真收拾书包,总是忘带笔记本,让爸爸妈妈过来送。

生5:我跑操的时候和同学讲话,给班级扣了分,但是我一直给自己找借口,把责任推卸到别人身上,不敢承担。

……

师:如果可以乘着时光车,再给你一次机会,你会怎么做呢?

预设

生1:作为班干部以身作则,做好本职工作,不推脱。

生2:在家里孝顺父母,承担力所能及的事,替父母分忧。

生3:认真打扫卫生区的卫生,遵守纪律,维护班级荣誉。

生4:把作业认真做好,认真书写周记,用心巩固老师课上讲过的内容。

……

师:日日行不怕千万里,时时做不惧千万事,每个人都应该从点滴小事做起,抓住今天的机会,为今后的你打好基础,才是对自己负责,勇于担当的人生最精彩!

幻灯片:中国共产党为什么"能"的密码,就隐藏在"有盐同咸,无盐同淡"的同甘共苦里,"你们不脱贫,我就不离开"的担当奉献里。

师:参天之木,必有其根;怀山之水,必有其源。一个人只有紧紧依靠集体,才有无穷的力量。班集体是我们共同生活和学习的家园,维护集体的利益也是我们的责任。大家来谈一谈,我们都可以为班级做哪些事情呢?

生1:不随地丢垃圾,地上有纸或是粉笔就帮忙捡起来。

生2:遵守纪律,跑操时不讲话,喊口号时大一点声。

生 3：不迟到，按规定摆放自行车，不给班级扣分。

生 4：积极配合班干部的工作。

生 5：运动会积极报名自己擅长的项目，为班级争荣誉。

......

师：班集体很大，个人很小，但这一大一小之间却有断不开的联系。为了更好地承担班集体的责任，让我们成为优秀班集体，我们还可以做哪些改进呢？

（学生分组讨论，推选代表发言）

生 1：自觉解散"班级作业分享"的小群，每一位同学都认真学习，不拉低班级平均分。

生 2：课堂主动回答问题，形成好的学习气氛。

生 3：所有班干部都应该大胆管理班级，批评违纪同学，形成一种正确的班级舆论导向。

......

师：唯有笃行，方能致远。希望每一位同学都能够懂得守护班集体，让践行班级责任成为一种行动自觉。

播放视频：习近平总书记《在同各界优秀青年代表座谈时的讲话》

展望未来，我国青年一代必将大有可为，也必将大有作为。这是"长江后浪推前浪"的历史规律，也是"一代更比一代强"的青春责任。广大青年要勇敢肩负起时代赋予的重任，志存高远，脚踏实地，努力在实现中华民族伟大复兴中国梦的生动实践中放飞青春梦想。

师：同学们，你们是祖国期望下最富有朝气，最富有梦想的一代，时代的责任赋予青年，时代的光荣属于青年。想一想，从现在开始，我们应该怎样承担起民族富强，祖国振兴的责任呢？

生 1：我们要热爱祖国，关心时事，多做有利于民族团结，国家和平统一的事。

生 2：我们要认真学习，努力提高自身科学文化修养和思想品德修养，为将来服务社会奠定基础。

生 3：积极参与校内外的公益活动，为保护环境出一份力。

生 4：听从祖国的指挥，服从祖国的安排，自己的理想服从祖国的理想，并为之奋斗。

…………

师：面对新时代，面对新挑战，我们更应该迎难而上，紧跟时代的步伐，切准时代的脉搏，从小事做起，无论平凡还是艰苦，都勇于承担责任，尽到自己所有的力量，让自己发光发热，才能不负国家，不负青春！

齐读诗歌：在转眼过去的日子里，在充满遐想的日子里，我们有时间，有激情，有燃烧的信念。在生活中的我快乐向前，多沉重的担子，我都不会发软。有一天，我会怀着骄傲，眼里是幸福的泪水和欢笑！

结束语：同学们，你们是国家和民族的未来，相信你们有责任心和使命感，一定可以在行动中接受考验，一定可以在激扬青春中作出属于自己时代的贡献！

设计意图：以内心体验法让学生感悟到责任与担当的内涵。采用自我暴露和层层追问的形式，力求使学生在课堂的一系列价值判断与取向的体验中，自我感悟，自我提炼，自我体会，真正将责任心落实到实践中。

【班会后延伸教育活动】

1. 努力学习科学文化知识，在踏入社会后可以回报祖国、社会和家庭，做一个真正爱国、爱家，敢于承担责任，有担当的人；

2. 课外主动承担做家务的责任，为父母分忧。

【班会反思】

现阶段的初中生心理上还未成熟，一方面缺乏承担责任的勇气，他们能够认识到自己需要对家庭、他人和社会负责任，但惧怕承担责任；另一方面有些学生从小学到中学，认为学习的目的是上更好的学校，而不是通过学习来帮助自己承担责任。因此，本节班会课中以"时代责任、青春担当"为主题，鼓励学生不畏艰难，敢于担当，勇于承担起责任。

爱因斯坦说过："教育应该是提供东西，让学生作为一种宝贵的礼物来享受，而不是作为一种艰苦的任务要他负担。"学生在轻松愉快的氛围下，能够更好地学习。本节课从发生在学生身边的小故事入手，让学生产生情感共鸣，通过小组讨论,让学生意识到自己都需要承担哪些责任。每个人都有一份属于自己的责任,需要自己去担当,去完成。为了让学生对责任有更深一层的认识,通过情景剧的形式,展示6名公司员工的日常,有的员工蔑视本职工作,不学无术,马虎应付,被动执行,牢骚满腹,还有一名员工兢兢业业。引发了学生的内心矛盾,从而引导学生对员工们的做法进行点评。通过船的载重隐喻了承担责任的重要,激发学生辩论,学生从内心深处认识到应该主动承担责任!

孙中山先生说过:"我辈既以担当中国改革发展为己任,虽石烂海枯,而此身尚存,此心不死。既不可以失败而灰心,亦不能以困难而缩步。全神贯注,猛力向前,应付世界进步之潮流,合乎善长恶消之天理,则终有最后成功之一日。"青年是时代责任的担当者。一代人担负一代人的责任,这是国家、民族发展的动力所在,也是历史得以延续的基础。播放习近平总书记的嘱托,通过层层设问,学生体会到了自己肩负着复兴中华的责任,在老师的引导下,学会如何对自己、对集体、对国家负责。

本节课的情感体验是一个亮点,让学生真正体味到负责任的重要,并学会了如何做一个负责任的人。其实,教会每一位学生成为负责任的人,还需要渗透到学生学习生活的点点滴滴中。今后,我会倾心努力,砥砺前行!

向毒说不,莫入歧途

菜西市店埠镇朴木中学　张吉洲

【背景分析】

青少年是祖国的未来,民族的希望。他们与祖国命运息息相关,青少年时期是学生发展的黄金时期,也是极其危险的时期。一方面,他们怀揣梦想,为梦想而努力奋斗。另一方面,他们正处于生理、心理的不成熟期,有着超强的模仿心和好奇心,自制力和分辨力较差。因此,有些毒品犯罪分子就将毒品的"魔爪"伸向校园,伸向中小学生。因此,加强对青少年的禁毒教育势在必行,把青少年列为毒品教育重点对象是开展毒品预防教育工作的重要环节,是遏制新吸毒人员滋生的关键。

采用形式多样的禁毒教育宣传活动,普及毒品预防知识,增强青少年的禁毒意识,提高青少年自觉抵制毒品的危害,是我们每一所学校都应该进行的一项重点工作。通过调查发现,毒品危害的严酷事实告诉我们,多数吸毒者都是在对毒品危害不了解或知之甚少的情况下经不起诱惑而误入歧途的。开展青少年禁毒宣传教育,增强全民尤其是青少年的禁毒意识,是我们学校义不容辞的责任。

在当今社会,学校是青少年教育的主要基地,也是将孩子从家庭引向社会的媒介。学校在青少年的教育中起到传递价值观、人生观、世界观的作用。以学校为基础,加强毒品预防教育工作显得尤为重要。

【班会目标】

认知目标:认识毒品的种类;认识毒品的危害;认识吸毒成瘾的途径;认识吸毒成瘾的原因并学会如何预防。

情感目标:让学生懂得"珍惜生命,远离毒品",培养禁毒意识,提高学生拒绝毒品的心理防御能力和自觉性。

行为目标:自觉远离毒品,增强他们防毒、拒毒的意识和能力,自觉与涉毒违法犯罪作斗争。

【班会准备】

学生准备:

利用网络广泛收集毒品知识、危害以及预防知识的音频、视频等,并将收集的知识进行提炼、整理。

教师准备:

准备好相关上课材料,形式多样的素材,设计好相关活动。

【班会过程】

环节一:导入——繁华的背后

班主任:自改革开放以来,中国经济得到了长足的发展,摆脱了一穷二白的局面,大踏步地走在世界经济前列。在基础物质得到满足的情况下,人们开始追求"精神"层面的满足,而一些娱乐场所,比如酒吧、舞厅、迪厅等成为人们释放激情,抒发苦闷的场所。但是那里往往隐藏着享乐主义的精神垃圾——毒、赌、色,这些是摧毁人们思想和精神的"糖衣炮弹"。今天我们首先来认识一下"毒"。

设计意图:通过视频的播放,希望引起学生的学习兴趣,告诫学生,繁华的今天,来之不易,初中生作为未成年人应远离酒吧等场所。

环节二:回顾——中华人民的禁毒史

班主任:忘记历史,等于背叛,我们在科技腾飞,综合国力不断提升的今天,又怎能忘记西方列强用鸦片和舰炮撞开了国门,这一撞,使中国人民生活在水深火热中,回头看,这一幕幕令我们心痛,或许大家会有更深刻的记忆!

播放:《鸦片战争》纪录片

首先,由一名同学表达观后感。

同学1:鸦片战争是英国发动的一场侵略战争。中国人民进行了英勇的反抗,但由于清政府腐败无能,也由于经济技术和武器装备落后,导致战争失败,被迫签订丧权辱国的不平等条约。这场战争影响深远,使中国社会发生了根本性的变化。战前,中国是一个独立的主权国家;战后,中国的关税、司法和领土主权开始遭到破坏,逐渐丧失了政治上的独立地位,被迫走上了半殖民地的道路。

然后,由一个小组展示和介绍近代史上鸦片麻木人民的图片和林则徐虎门销烟的材料。

同学2:展示材料

设计意图:让学生深刻认识到毒品对于我们祖国和人民的危害,知道落后就要挨打,知耻而后勇,引起学生强烈的爱国情感。

鸦片战争

道光年间，中国到处都在吸鸦片，屡禁不止。

虎门销烟后，英国人还想强买强卖，于是发动了著名的鸦片战争。

鸦片战争的过程是这样的：

1. 林则徐从北京到广州虎门销烟：

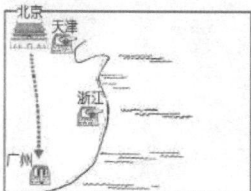

2. 英国人不服，从广州打到天津，途中占领了浙江一些城市：

3. 大清服软，派琦善和英国人回广州谈判：

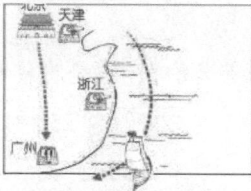

4. 谈判破裂，英国人又打到南京，签下了《南京条约》：

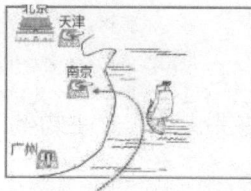

环节三：认识——毒品的真面目

活动：由一个小组所有成员根据图片或实例逐一进行解说。

展示：鸦片、海洛因、罂粟等毒品的图片。感性认识，直接观察，并兼有某小组人员进行介绍；如毒品种类的介绍。

罂粟和鸦片

罂粟花

同学 3：

鸦片俗称"阿片""大烟""烟土""阿芙蓉"等。它是一种棕色的黏稠液体，属于初级毒品，主要内含鸦片生物碱，已知的生物碱有 25 种以上，其中最主要的是吗啡、可卡因等。

吗啡

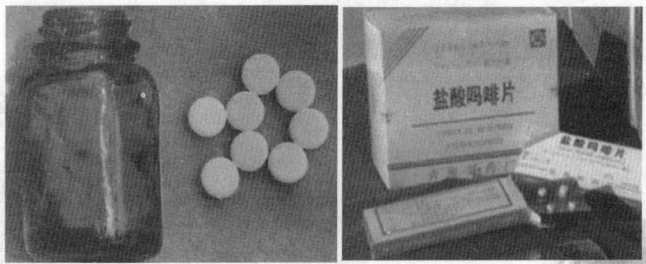

同学 4：

吗啡是从鸦片中经过提炼出来的主要生物碱，呈白色结晶粉状，闻上去有点酸味。过量吸食吗啡后会出现昏迷、瞳孔极度缩小、呼吸受到抑制的症状，甚至出现呼吸麻痹、停止而死亡。

同学 5：

海洛因英文名 Heroin，是鸦片经特殊化学处理后的产物，属于合成类麻醉品。毒品市场上的海洛因有多种形状，是带有白色、米色、褐色、黑色等色泽的粉末、粒状或凝聚状物品,俗称"白粉"。

海洛因(毒品之王),俗称"白粉"

同学6:

大麻是种草本植物,通常被制成大麻烟吸食或用做麻醉剂注射,有毒性。

大麻

同学7:

可卡因英文名 Cocaine,是一种无味白色薄片状的结晶体。服用方式是鼻吸,对中枢神经系统有高度毒性,让人产生兴奋感及视听触等幻觉。

2. 介绍毒性危害。

活动:由一个小组所有成员根据图片或实例逐一进行解说。

毒品的危害

同学1:毒品伤害身体,吸食毒品会传播艾滋病,破坏家庭……

同学2:会使人倾家荡产,家破人亡……

同学3:吸毒人员还容易在社会上盗窃,违法犯罪。

班主任:哪位同学能从个人、家庭、社会三方面总结毒品产生的危害?

同学 1:吸毒对个人:摧毁健康,引起心理变态,导致精神失常。

吸毒对家庭:导致倾家荡产、妻离子散、家破人亡。

吸毒对社会:吸毒者容易进行偷盗等活动,危害社会安定。

设计意图:使学生充分认识到毒品对社会、家庭、个人的危害,能够对毒品引起重视,内心知道毒品危害巨大,应理智拒绝。

【环节四】:行动——拒绝毒品

活动:我们知道了毒品危害社会、家庭和个人,作为一名新时代的少年,我们应该怎样做? 应该如何防止吸毒?

同学 1:多了解毒品危害,不寻求刺激,不去歌厅等地方。

同学 2:交友要慎重,不结交吸毒的朋友。

同学 3:要爱护生命,加强对毒品和禁毒法律法规的学习。

同学 4……

班主任总结:

1. 加强毒品基本知识和禁毒法律法规教育,了解毒品的危害,懂得"吸毒一口,掉入虎口"的道理;

2. 树立正确的人生观,不盲目追求享受,寻找刺激,赶时髦;

3. 不听信毒品能治病、毒品能解脱烦恼和痛苦、毒品给人带来快乐等各种花言巧语;

4. 不结交有吸、贩毒行为的人。如发现亲朋好友中有吸毒行为的人,一要劝阻,二要远离,三要报告公安机关;

5. 进歌舞厅要谨慎,决不食摇头丸,K 粉等兴奋剂;

6. 即使自己在不知情的情况下,被引诱、欺骗吸毒一次,也要珍惜自己的生命,不再吸第二次,更不要吸第三次。

设计意图:引导学生用行动来拒绝毒品,树立良好的世界观、人生观和价值观。

【班会后延伸教育活动】

现在国家采取形式多样的手段来打击毒品犯罪,但是新的"精神"鸦片也一直危害着我们,你们知道他是什么吗?

同学:手机

请同学们观看一组照片,在课下想一想,面对"精神"鸦片,我们该如何做?

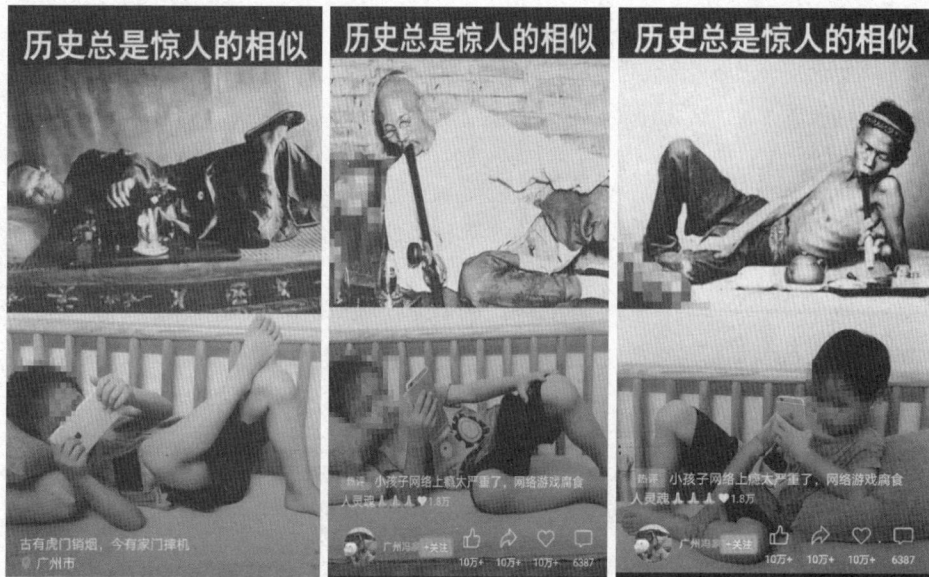

【班会反思】

本节班会利用鸦片战争为导入点,让学生充分认识到抵御毒品是关系到子孙后代健康幸福、民族兴旺发达和国家繁荣昌盛的大事。

通过对毒品图片的展示,让学生能清楚地认识到毒品的危害和种类,使每位学生能做到热爱生命、拒绝毒品。关爱未来,从知毒、恨毒到自觉地防毒,拒毒,提高对毒品的防范能力。

整体班会的设计突出学生为重点,能合理地引导学生形成正确的人生观、价值观、世界观,注重培养学生深厚的爱国情感。

第三章

异彩纷呈现收获
之案例集锦

危机？契机, 奇迹!

莱西市济南路中学　于　金

危机

开完班教导会, 我无意中随手将印有"后20％"标题及名单的花名册放在了讲桌上。待我再次走进教室时, 一个名单中的学生突然问我: 老师, 为什么把我们这类学生叫做"后20％的学生"? 眼神中透露出的难过、落寞、失望、愤怒和一丝丝的委屈和无助瞬间揪痛了我的心……

契机

我轻轻拍拍孩子的肩膀, 送她回座位。然后召集名单上的"后20％"同学开座谈会:

1. 畅谈对"后20％"的理解

学生观点: "学习差""成绩不好""差学生""考学无望"……孩子们脱口而出。

我的观点: "后20％"是学习成绩暂时落后的同学。但中华文化博大精深, 有时候同样的字, 放的位置不一样, 意思也截然不同。如"星期一", 表示的只是一天, 而"一星期"就表示七天了。"后"也可以理解为成绩非常非常优秀的学生, 如"博士后", 只是这两个"后"的位置不同, 结果含义就截然不同。所以, 我们"后20％"的同学就要把这个"后"放在"20％"的后面, 如果是这样, 那你就是成绩非常优秀的同学了。

2. 寻求"后20%"变为"20%后"的方法

同学观点：我们也想学好，但长期积累了"一堆问题"：知识上的，态度上的，方法上的……这些问题，就像一座"大山"压着我们，使我们无从下手，成绩自然也提高不上来。

我："孩子们，如果能有一种'化学药品'，能把这些'问题'溶解了，该多好！这种'化学药品'有吗？"

经过一段沉默之后，我郑重地说："有，而且绝对有，最重要的是你们都曾经拥有过，请大声地告诉我和你们自己，你们愿意拿出来与我们分享一下吗？"

"愿意！"……

宇：小学的时候，我哥说我写的字像狗爬，这句话严重地打击了我，我就刻苦认真地练习写字，为了把一个字写好，有时我要反反复复地练几百遍。慢慢地，我的字写得越来越好了。

我：真的，宇的字可以用两个字形容："飘逸"！

琳：初二以前，我很胖，175斤，为了减肥，每天步行上学放学，每天上午下午的午间操从不请假，每顿饭都只吃8成饱，这样我坚持了不到两年，现在只有148斤了！

我：为你点赞，向你学习，老师也要将减肥提上日程，你要帮我噢！

杰：记得我读过世界级科学家童第周的故事。一天，他看到屋檐下的石阶上整整齐齐地排列着一行小坑坑，他觉得十分奇怪，琢磨半天也弄不明白是怎么回事，便去问父亲："父亲，那屋檐下石板上的小坑是谁敲出来的？是做什么用的呀？"父亲看到儿子这么好奇，高兴地说："这不是人凿的，这是檐头水滴下来敲的。"小童第周更奇怪了，水还能把坚硬的石头敲出坑？父亲说："一滴水当然敲不出坑，但是天长日久，点点滴滴不断地敲，不但能敲出坑，还能敲出一个洞呢！古人不是常说'水滴石穿'嘛！就是这个道理。"也是凭借"水滴石穿"的精神，他成了生物学家、教育家、社会活动家，中国实验胚胎学的主要创始人，中国海洋科学研究的奠基人，生物科学研究的杰出领导者，开创了中国"克隆"技术之先河，被誉为"中国克隆之父"。

孩子们七嘴八舌，滔滔不绝……

我：我请大家看一幅漫画：挖井人。（1983 年全国作文题）

这下面没有水，再换个地方挖！

最后，我和孩子们总结出了这些宝贵的"化学药品"是：

① 态度：端正的学习态度；

② 认真：上课认真听讲，作业认真完成，自习课认真复习，认真做好每一道题目，认真做好每一件事情；

③ 勤奋努力；

④ 时间：以前我是 99％的时间在玩上，1％的时间在学习上，现在我要倒过来；

⑤ 坚持；

⑥ 滴水穿石：一天学会一道题，一天进步一点点

······

奇迹

此后，"后 20％"同学中，上课积极回答问题的多了，问问题的多了，原本上课经常起哄的同学也开始认真听课了，平时不打上课铃不回教室的同学也早早回教室等待上课了，师生关系越来越融洽了……2021 年中考，在全市普通高中录取率为 50％的情况下，我们班的录取率达到了 87.5％。

案例反思：

一句名言说得好："人的生命似洪水在奔腾，不遇着岛屿和暗礁，难以激起美丽的浪花。"教育也一样，有时候看似是危机，但只要我们处理得好，便是教育的契机，更能创造奇迹。

爱与尊重,给孩子心灵阳光

莱西市望城街道中心中学　李盈波

【案例简介】

浩浩(化名)是我班的一名学生,高高的个子,脸蛋肉嘟嘟的,很白净。上学期刚从外地转来,平常不爱说笑,也几乎不和别的同学聊天,下课除了去厕所和喝水,都在自己的位置上坐着。上课眼神呆滞,不爱回答问题。平日书写非常潦草,学习成绩偏下。自卑的心理几乎每个人都有,只是程度不同,有的人能够自我调节,顺利渡过某个自卑期,但是浩浩的调节能力较弱,需要老师和家长的教育引导。

【问题及分析】

刚进入陌生环境,浩浩把自己封闭起来,不愿跟其他人接触,感觉好像所有的人都在排斥自己,自己总是不能很好地融到这个新环境里,从而对什么都提不起兴趣,也因为这份陌生感对自己失去信心。通过一段时间的了解以及对他的家访,导致浩浩现在这种状态的原因逐渐浮出水面。

1. 个人因素

通过观察,我发现他很自卑、焦虑、怯懦,过重的心理负担使他不能正确评价自己的能力,一直怀疑自己的优点。即使在成功面前也难以体验成功的喜悦,从而陷入失败的恶性循环之中。

2. 家庭因素

浩浩是留守儿童，父母常年不在身边，老人不爱和孩子交流，导致孩子孤僻、不爱说话；再者，老人对孩子学习的辅导力不从心，对孩子的期望很高，但表达方式不是很恰当，或者说十分粗暴。

3. 教师因素

如果教师对一些同学关注不够多，就容易造成对这些孩子的评价偏低，一旦如此几个月以后，这些同学便会逐渐产生一些行为和想法，慢慢不相信自己的能力和水平，从而变得不自信。另外教师对优等生的偏爱，对学困生来说也无疑是巨大的压力。对优等生的表扬鼓励和对自己的批评形成的巨大对比，也在孩子心里产生了巨大的心理落差，使他的自卑感越来越强。

【辅导思路及方法】

根据马斯洛的需要层次理论，人有五种需要：生理需要、安全需要、归属与爱的需要、尊重需要、自我实现需要。而在学校教育里，最重要的确实需要就是爱和尊重。如果学生感到没有人爱，或认为自己无能，他们就不可能有强烈的动机去实现较高的目标，也就是最高层次——自我实现需要。所以我主要从这方面突破，让孩子感受到爱、感受到被尊重！

1. 激励教育，唤起信心

浩浩的学习成绩处于下游，要想让他树立自信心，就必须在其他方面对他进行表扬，所以我就抓住一切机会，在全班同学面前表扬他。比如"浩浩的坐姿最端正！""这次检测浩浩同学进步很大。""班级小监督岗里浩浩是最负责的。""浩浩最近上课能够积极回答老师的问题！"等等。私下里也经常表扬他，说他最近进步很大，上课也能认真听讲了，孩子听了很高兴。

2. 树立信心，激起动力

有一次讲课文，为了让孩子们加深对课文的理解，需要他们来表演一下，类似于课本剧，浩浩也举了手要求表演，我很高兴地把他叫上来。结果他的表演很到位，赢得了大家热烈的掌声，我赶紧趁此机会在全班同学面前表扬他，说他很有表演天赋，对课文的理解很到位，以后说不定能成为一名很棒的演员，孩子听了害羞地笑了。从那以后,他经常参加班里的活动,学习的动力越来越强了!

3. 重视家庭,提高能力

孩子心理上的自卑,很大一部分原因在于家庭教育环境与方式。因此,我找机会把他的父母请来,详细地分析了孩子在学校的表现及原因,与他们交流、反馈情况,共同商量解决孩子不良心理状况的办法,建议家长选择适当的教育方式,共同为自卑的孩子提供表现自己的机会。也可以让孩子积极参与家务,并对孩子的进步给予肯定、表扬。

4. 进行评价,促进自信

开展形式多样的评比活动,用激励的方式使其扬长避短,并给他设立成长档案,每月评一次,让他通过自评、小组评,把自己所取得的进步记录下来,孩子在他人的肯定中得到了满足,在自我评价中,学会反省,逐步完善自己。并把他的事迹在班会上、家长会上突出表扬,调动他的积极性。

【辅导效果】

经过半个学期的努力,浩浩的变化很大。上课积极举手发言,书写有了很大的进步,给他安排的监督岗任务也能尽职尽责地完成,跟同学能正常地交流,自卑心理得到了很大的改善。看到他的改变,我真的替他感到高兴,希望他越来越好。

【经验与启示】

浩浩的案例让我深刻地明白了爱与尊重对一个孩子的成长起着至关重要的作用,特别是家庭环境和班级环境,家长的包容和肯定、伙伴的肯定和赞扬、老师的关注和关心,真的能让孩子的心理发生巨大的转变。特别是对于学困生,平常得到关注、受到表扬的机会很少,所以一旦被肯定,孩子就有可能激发出自我实现的需要,觉得"我能行""我也行"。综上,我认为,对于这类孩子,来自各方面的爱与尊重无疑就是治疗他们的良药!

让每一位学生抬起头走路

莱西市店埠镇朴木中学　张吉洲

北京师范大学林崇德教授曾把教师应具备的知识结构分为三个方面：一是本体性知识，主要指学科专业知识，即学科基础知识和基本技能；二是文化知识，指的是与教育有关联的综合性知识，新的课程结构尤其强调教师应打破原有的学科壁垒，具备跨学科知识；三是条件性知识，即教育科学知识，也就是教书育人方面的知识。在我担任班主任的第三年，在我遇到他的那一年，我对林教授的三句话感触更加深刻。

在担任班主任的每一年，都会遇到形形色色的学生，安心于学习的，醉心于嬉戏打闹的，热衷于好勇斗狠的。而他，一个名叫"王强"的学生，却有一丝丝的不同。他一方面似乎将蛮横霸道做到了极致，另一方面内心却又极其敏感脆弱。我们之间的故事由此而发生。

在一个寂静的午后，他用一声声的咆哮与怒吼给我留下了深刻印象，我站在门口，看着他如同疯了一般朝我咆哮、怒吼，几乎是在失控的边缘。"该我什么事，为什么怨我"，似乎他就是一个事情的旁观者，与他毫无关联。我将他带到了办公室，我先对王强说："给你十分钟时间冷静，我不希望你将初三的坏毛病再带到初四来，我与你以前的班主任不一样，你刚才的表现已经失控，你需要冷静。"

同时，我电话通知了他的家长，顺便将事情的起因经过也告诉了他的家长。事情源于中午饭之后，学生在洗刷池刷饭盒，一个同学不小心将水龙头水开大,水花溅到了他的身上。本是一件小事,可他却认为是那位同学有意而为之。一场"战争"自此而发。通过与他母亲的交流,我知道了很多关于他的故事,与班级同学、高年级、低年级的同学都曾有过打架的经历,与自己班级的老师,甚至其他年级的老师都有过不愉快的经历。

十分钟之后,他的母亲也到了,我说道:"王强,首先我作为你的班主任,尤其是我刚接手我们的班级,我对你们一视同仁,你刚才是不是很冲动?"他闷声不说,"这样的事情都不是我们愿意碰到的,男人要有胸怀,要敢于担当,王胜已经跟你道歉,你还当着我的面将水泼到他的身上,这样的行为未免有失你的水准,你将我放到哪个位置?""哎,老师你也别生气,他一直这样冲动。"他的母亲为他解释道。"我想要听听他的说法,作为一个十五六岁的男孩子,应该为自己的错误承担责任,而不应该一直躲在父母的身后。"我转过头目不转睛地看向他,接着说道"说一说你的错误?我想看到一个有担当的人"。他像一只战败的公鸡,低下了头"老师,我…""说就可以了""对不起,老师,我不应该打架,更不应该在班级里大吵大闹""知道就好,以后遇到事情,三思而行,不要那么冲动,给别人冷静的时间,也给自己时间冷静,你更应该向你的母亲道歉,你给你母亲添了多大的麻烦?换位思考一下,你母亲怀着什么样的心情走进学校?你已经不是小孩子了,你要记住,少给父母添麻烦,你先回去吧,你母亲留一下"。"知道了,老师,我以后会注意的"说完,他转头离开。

通过与他母亲的进一步交流,我也知道他的家庭情况,父亲早逝,母亲拉扯着他和姐姐长大,经常早上六点多就去打工,晚上甚至要到十一二点才能回来。他母亲根本没有时间管理孩子,继父对他更是不管不问。此外,他的母亲还告诉我他的左眼视力几乎为零。所以他的内心极其敏感,对别人的看法也极其在意,也因此容易对其他人产生敌视。知道了原因,我就可以有条不紊地应对他出现的问题了。

根据我的分析,因为家庭的原因,他内心存在着自卑心理,所以要用蛮横和武力来保护内心的自卑,他几乎对所有人怀有戒心,甚至怀有敌意。并且对我的关心,保持沉默。我想,人非草木,孰能无情,我更耐心一些,他会愿意接纳我的。在上课的时候,我就提一些简单的问题,课间时不时地找他谈谈心,了解一下他在学校、家庭中的情况。他在学校生病了，家长没时间，我带着他去诊所拿药。我能感受到他在一步步地接纳我，内心的戒备也在一点点放下，也逐渐能从他的脸上看到笑容，变得乐于与同学交流。

外视刚强的人，往往内心比较脆弱。针对他玻璃似的内心，我给他讲自卑的危害，激励他奋发向上、自爱自重。一天，在我与他谈话的过程中，我先夸他的聪明豪爽，将他的优点一点一滴地摆出，让他树立自信心。

在九年级剩余的接近一年时间里，他没有与其他同学打过架，也没有与老师产生过矛盾。临近毕业时，校长有一次笑着问他"王强，上初四以后，怎么看着所有人都顺眼了？"他笑着说长大了懂事了。我也总开玩笑说，他碰到了一个好同桌。最终在中考时，他的成绩虽然不是很优秀，但也有了很大的进步，被提前批次鼎志班所录取，免学费、校服费，每月还有生活补贴，也减轻了他家庭的负担。希望他未来的路越走越宽阔，有一个美好的前途。

案例反思：

通过与这名学生一年的相处，从我们之间矛盾产生和解决开始，了解学生的家庭背景，耐心地对待学生出现的问题，让他不再对我产生敌意，让他感受到老师是他的良师益友，让他体会到与同学交往的快乐。古人云"人非圣贤，孰能无过？"故应"宽以待人，容人之错"。

学生要有宽人之心，教师更应该拥有。我们应该采取形式多样的方式方法去解决问题。

班主任老师，作为教师大家庭中的一员，都具备丰富的本体性知识和文化知识。可是条件性知识也就是教育科学知识是我们所欠缺的，是需要我们在实践中一点点地积累的。我们的工作对象是人，每一个人都具备不同的特征。我们应该尊重每一位学生，"以人为本"，是对我们的基本要求。教育，应该是一场心灵艺术。教育的过程应该是一场心灵技巧的展示。只有这样，老师才会产生热爱之情。

让每一位学生抬起头走路，应该作为班主任坚持不懈的追求。

不抛弃、不放弃

莱西市济南路小学　沙美玲

两年前的开学季,我又迎来了一届毕业班,这是我从教多年来最难忘的一个班。当我坐在电脑前,脑子里依然清晰记得开学第一天的场景,我被深深地震撼了。

那天天气晴朗,因为要接见一批新的孩子,心情是高兴的,也是期待的。按照以往的经验,我早早等待在教室里。随着一声声"老师好",孩子们陆陆续续地来到了教室。都快到上课时间了,一个座位一直空着,我马上核对名单,发现这个孩子名叫袁靖。电话联系了家长说是早到学校了,我立即寻找,结果在一个楼梯的拐角找到了这个孩子。他面向墙壁,手指一直不停地在墙壁上抠着,看到我很害怕的样子,我开口跟他说话,他便把头低得更低,就像一只遇到危险的鸵鸟,然后再也不搭理你。任凭你怎样劝说都不跟你回教室,最后还是几个小男生把他劝进了教室。我蒙了,这是怎样的一个孩子……? 我咨询了以前教过他的老师,并查阅了这个孩子的档案,袁靖今年 15 岁,比我们班学生大 5 岁,平日里不与任何人说话,一进教室就坐在自己的座位,要么睡觉,要么自言自语,活在自己的世界里。

一、用师爱唤醒心灵

这是怎样的一个孩子? 是自闭、抑郁,还是? 带着很多疑问,我电话约见了家长,这次的约见让孩子家长很激动,她很详细地给我介绍了孩子的情况:原来孩子小时候非常健康,在幼儿园时不慎跌倒摔到了脑部,就变成了现在这个样子。家长带这个孩子跑遍了各大医院，都说这个孩子没有任何问题，属于正常孩子。家长很无奈，也很苦恼，正好老师的约见让这位家长找到了倾诉的机会。通过交流我了解到一个现象，这个孩子在家里什么都会做，包括做饭，他能帮父母做西红柿炒蛋这种简单的饭食，帮父母打扫卫生等，只是到了学校就换成一副小心翼翼的样子，不愿意敞开心扉去接纳任何人。跟家长交流完后我的心情很沉重，看得出来家长也小心翼翼，觉得这样的孩子拖累了班级，也怕老师、同学不待见他。此后我特别注意这个孩子的一言一行，总在想如何改变这种状态，如何让家长放心孩子在学校愉快地成长。

有人说：选择了教师，便选择了崇高，便注定肩负起更厚重的责任。师表的魅力在于师爱，班主任工作是平淡的也是琐碎的。平时我会有意无意地接近这个孩子，只要是他能做的事，我会想方设法地让他去做。记得有一次办板报，我特意让他帮我递一些细小的物品给我，他做得非常认真，每次都会对我说"好的，老师"。我顺着他的话说"袁靖，你真棒！"就这么一句普通的话，结果孩子开心地回家告诉妈妈，"老师表扬我了"，那个高兴劲就别提了，好像自己得到什么大奖似的。慢慢地这个孩子不再排斥我，开始接受我了。班级里进行体检，这个孩子看似很害怕，抗拒做任何检查，我便牵起他的手慢慢安抚他，并带领他一项项进行检查，最后圆满地做完体检。针对这个孩子的特殊情况，课间一有空，我就会坐在他身边，慢慢地教一些比较简单的计算题或字，有时候是一两个小题、三五个字。为了鼓励他，过一段时间我会奖励他一个本子、一支笔或一个小小的玩具，孩子的干劲可足了！有时每天早上一到教室，书包都没放下就举着自己的作业本来到我跟前："老师，你看我的作业！"我总是不吝啬地表扬他："你真棒！"袁靖羞涩地笑了。这些看似细小、平凡的事儿，在这个孩子家长眼里高兴得不知说啥好了，家长打电话哭着给我说"老师，谢谢你！俺儿子自从跟着你后爱上学了，爱笑了，每天最多的话题就是您……"通过这些微乎其微的小事可以看出，其实孩子和家长要求的不多，只要孩子能健康快乐地成长就可以了，所以只要我们给他们一点点阳光，他们就会灿烂。其实跟他相处，你会发现他身上有很多其他孩子身上所不具备的温暖品质，每次看到他那发自内心的微笑，自己内心的烦恼会一扫而空，心情也是美美的。

二、利用群体效应，不抛弃，不放弃。

通过观察发现，这个孩子乐意与班里的几个小孩子交流并玩耍。我找了这几个孩子嘱咐他们，不管上学、课间、放学等任何事情上首先想到他、帮助他，并通过班会课教育班级里所有的孩子，这个孩子是我们班级的一分子，不要歧视他，要一起帮助他。现在不管班里的男生和女生，只要看到他都会不自觉地帮他做一些事，时时刻刻心里惦记着他。比如，上学时碰到他会自觉地帮他拿着书包，并和他说着话一起走到教室；班级里不管有什么活动，总有几个孩子牵手拉着他，让他别掉队。看着班级里这种正能量，我由衷地笑了。现在我惊喜地发现一下课，他会跟很多同学一起闲聊了，他脸上的笑容也越来越多了。这种特殊的孩子特别需要老师、同学的关爱。我愿与羸弱的新苗相伴，静听那一季花开的声音！

案例反思：

（1）班主任工作，可说酸甜苦辣样样滋味皆在其中。尽管工作尚不够尽善尽美，但要尽心尽职。我总想，只要每个班主任能够以爱心、细心、耐心去面对工作、面对学生，就"没有过不去的关"，班主任对他们不仅应施以爱心、施以细心，更应施以耐心。"谁爱孩子，孩子就会爱他，只有用爱才能教育孩子。"班主任要善于接近孩子，体贴和关心学生，和他们进行亲密的思想交流，让他们真正感受到老师对他的亲近和爱。不抛弃、不放弃每一个孩子，尽管有些孩子会让你"无能为力、咬牙切齿"，但总有一把钥匙可以开启他的心门，这就需要班主任去善于发现、挖掘方法，并加以引导。

（2）面对特殊的孩子，我们除了要具备扎实的教学功底、过硬的教学能力和科学的教学方法，还要付出更多的耐心、关心和爱心，把自己的温暖和情感倾注到每一位学生身上。最后通过真情、真心、真诚拉近师生之间的距离，从而打开特殊儿童的心灵窗口，看到他们五彩斑斓的内心世界！

"面包"风波

莱西市实验中学　迟金玲

　　由于疫情，为消除安全隐患，这学期学校实行错时用餐制度。我们初一的学生最后去食堂吃饭。

　　上周三，因下雨的原因，有一部分学生临时决定到餐厅吃饭，临到我们班就餐时，个别学生想加菜时已没有了。学校非常重视此事，让我下午下第一节课后把食堂准备的面包送给学生填饱肚子。下课铃声还没响，我就到了教室门口，把面包放在走廊窗台上，进教室把中午吃饭的同学喊到教室后面，问他们中午吃饭的情况，学生你一言我一语。他们有的说吃饱了，有的说吃了个半饱，有的在那抱怨学校做的饭数量不够。只见男生小谭同学低着头没说话，眼里明显噙着眼泪。我知道，这是一个在家里两代人都宠着的小皇帝，怎能受得了连饭都吃不饱的委屈。我把孩子们喊出教室，告诉他们学校给他们买了面包，把面包分给了他们。

　　下午最后一节课是我的数学课，我正要上课，级部副主任到我们班级问："中午在校吃饭的学生今天下午面包吃饱了吗？"几个学生回答吃饱了。我知道，食堂在努力补偿，但有个别的孩子还是有怨言。接下来我没有着急上课，而是跟同学谈起了面包的事。我问："同学们，你们怎么看待这件事情？大家讨论一下。"有同学说："我们应该站在对方角度想想，我们中午吃饭的人数多，情况又复杂，餐厅还要做到节约，不浪费，他们也很不容易。""食堂九个师傅每天忙着给全校一千多人做饭、发饭、清洗碗筷……他们下午两点才能吃上饭，很辛苦。""我们端在手里的每一碗饭,拿在手里的每一个馒头,吃进口中的每一口菜,都是师傅们用心做的。"还有的同学说:"我妈妈在家里哪天做好吃的,妈妈发现我们喜欢吃,她都吃得很少。有时哪天剩得多了,为了不浪费,她都赘一些饭,其实做饭的人也不太容易掌握这个数量……"大家七嘴八舌地说着,我看着有几个同学低下了头。最后,我总结说:"今天我看到大家遇到问题时能站在对方的角度来思考,有同理心和宽容心,老师很高兴。"接着,我继续说:"换位思考,是一种理解他人的表现。在我们的学习中,同学之间、老师之间也难免有一些矛盾或冲突,不要只会抱怨别人的错误,要换一个角度设身处地为别人考虑。同时从自己的身上寻找自己的缺点,自己的错误。找到了,怨气没有了,那些矛盾和冲突就迎刃而解了。换位思考还可以帮助我们从平庸中分离出来,让我们变得出类拔萃。"

案例反思:

现在的学生独生子女居多,习惯了饭来张口,衣来伸手,很少能做到为别人考虑,作为班主任,平时不要生硬地讲大道理给学生听,而是要善于抓住契机,因势利导(班级发生的每一个小事件),让学生在每个小事件中得到教育启发。

拥抱她,拥抱春天

莱西市城北学校 朱传婷

每位学生都是那么与众不同,但只要找到打开他们心灵的钥匙,你会发现每个孩子都是那么纯真、可爱。19年下半年的一节课跟往常一样在有秩序地进行。在办公室的我突然被一声很大的"啊,怎么了,我怎么了!"给震撼住了！声音是从我的班级传来的。回过神儿来的我急忙跑到教室查看原因。当时语文老师正火冒三丈地重复着："怎么了！你说怎么了？……"，她对面的刘同学也气势汹汹，翻着她常用的大白眼瞪着语文老师。其余学生在座位上目瞪口呆。为了让课堂继续进行，也为了避免二人矛盾再升级，我决定带这位同学先去办公室冷静一下。

回到办公室，我想跟她了解一下教室里发生了什么，结果一无所获。因为这位女生像之前一样，不论遇到什么问题都是吊儿郎当地偏着头站着，偶尔翻着白眼瞥你一眼，再就是无尽的沉默。我在这种无声的对抗中压制着自己体内的"洪荒之力"。僵持不下时，正好下课了。语文老师来到办公室给了我一张试卷。看着这样一张卷子我瞬间明白了语文老师的"火气"因何而来。试卷上乱写乱画，语言粗俗，充满了对老师的不尊重。这时我心里的火也快要冲出来了。为了避免冲突加剧，我默数三秒后选择先让彼此都冷静冷静再谈。就这样过了大约10分钟后，我轻轻地问她"咱为什么这么写？"她回答道："这是我的作文，我就这么写，怎么了？我又不是骂她。"火气依然很大。我压着火说："那是写给哪位老师的？在试卷上乱写乱画的目的是什么呢？咱对老师有什么意见可以提，私下跟我交流也可以，但你这种做法是不是太偏激，也不礼貌呀？"她的头更歪了，再次陷入沉默的对抗中。其实早在这学期开学不久我就注意到了这个眼神时不时会流露出敌意的"冷面"女生。她在平时的师生交流中要不是斜着眼"沉默以对"要不就是一句"我怎么了！"甚至在与同学的相处中也很少拿正眼看人。只是没想到她爆发得如此之快，又如此激烈！借此机会，我想很有必要通过一次家访来全面了解一下她的具体情况。

所以中午我就联系了家长做了一次家访。刚一进门孩子妈妈就说："老师，她又怎么了，闯什么祸，老师你揍她就行。"妈妈这种不问事由上来就打的态度，可以想象到之前他们有问题时的处理方式。我说"没有，就是刚开学不久有时间做个家访，沟通一下孩子情况。"但是在这一次家访中，我好像找到了突破口。我了解到，孩子的爸爸是个寡言少语的人，父母之间也是零交流。孩子跟爸爸的交流是从一开始孩子说、爸爸漠视到最后两人之间"彼此不理会"。所以孩子在家已经学会并习惯这种交流方式。

孩子的沟通方式都是从模仿学习身边最亲近的人开始的。带着理解，我跟她又进行了一次交流。我没有提及这次的事情，只是聊聊彼此的感受。

"咱俩聊天，你也不理我，也不拿正眼看我，让我觉得不太舒服呢！来，咱俩先来个眼神交流！"她快速地瞅了我一眼，又低下了头。

"还不好意思的呢，你们现在不都流行'太妃糖眼神'嘛，来，咱俩也练习练习！争取能来个太妃糖式的眼神。"几次之后，我们俩都笑了！

"听你妈妈说你不喜欢和爸爸交流？有什么倾诉的吗？有没有什么要吐槽的，跟姐姐我说说。"意料之外，她哭了，诉说着与爸爸交流过程中的委屈，作为一个泪点很低的人，我也陪哭了。她一边哭着一边问我"你哭什么？"我说"没办法，共情能力有点强。我就是有点心疼，可能爸爸的爱太沉默，但不是不爱我们，只是我们还没 get 到他的点！抱抱你吧，传授你点功力，让你快速痊愈！"她竟然第一次开了个玩笑"幼稚死了，武侠小说看多了吧！"

这次的交流中，我主要是鼓励她在今后的相处中要多笑，有问题要多倾诉、多交流。还有最关键的：交流时一定要正视对方！希望她能从跟我的交流开始，逐渐外延到每一位老师、每一位同学！我至今还记得她当时正视我的眼睛认真点头的样子。

念念不忘，必有回响。这件事之后，她会冲我笑，愿意帮我忙，成绩也慢慢往上提升了。跟同学能愉快地玩耍了。对生活也充满了仪式感，节日的问候自此也未缺席过。孩子的世界"重启"了，重新步入正轨，进入春天，感受春暖花开。

案例反思：

一、精准定位"心理起因"

家庭氛围也是影响孩子的重要因素。"不和谐"的家庭关系，可能是父母之间，也可能是亲子关系，都可能会引发"糟糕"的情绪、情感，进而出现"问题学生"！每一位所谓的"问题学生"都有其问题关键点。所以要多方式精准定位问题起因，抓住关键点，化被动为主动，转"危"为安。

二、尊重与信任是最大战斗力

这是《功勋》中李延年对每位志愿军战士的态度，马斯洛的需求层次理论也表明爱与尊重是基本需求。而这位同学在成长过程中爱和尊重未满足,才引发种种问题。爱、尊重、期待是学生进步的动力,在校园里给予他们需要的师爱也是不可或缺的隐性教育,拥抱每一个孩子吧,也许就能让更多孩子拥抱春天。

"灭绝师太"事件

莱西市济南路中学　于　金

初接初四十一班,着实让我头疼,班级整体感觉是一盘散沙,连一个班干部都选不出来不说,据说曾经不止一次把上课的老师气哭。

第一次走进十一班,孩子们坐得规规矩矩,我进来时甚至报以热烈的掌声,我有些许小感动,开始自我介绍:"我是咱的新班主任,名叫于金。"于是想把自己的名字写在黑板上,一转身发现黑板的正中央写了"灭绝师太"几个大字,我顿时感觉全身的血往上涌,头顶发麻,此时孩子们也笑得乱成了一锅粥。

我想如果此刻我暴跳如雷,大发雷霆,或许正中恶作剧者的下怀。于是我停顿了十几秒钟后,将"于金"两字写在了"灭绝师太"的前面,随即转过身微笑着说:"谢谢大家给予我的最高褒奖!"

看到孩子们你瞅瞅我、我瞅瞅你惊讶的样子,我继续说:"你知道灭绝师太是哪部小说里的人物吗?你知道这个人物的故事吗?"孩子们无一例外地摇了摇头。

"想知道吗?"孩子们不约而同地点点头。

"灭绝师太,是金庸武侠小说《倚天屠龙记》中的重要人物。峨眉派第三代掌门。武功高强,手执倚天剑斩杀明教教徒甚众。性情刚烈,一心想要完成师祖郭襄的遗愿。出手极狠,对敢于违背她意愿的弟子亦不留情。灭绝师太因中了'十香软筋散'之毒被俘,遂将峨眉派掌门之位传于女弟子周芷若,并将峨眉派历代相传的倚天剑与屠龙刀的秘密告知周芷若。之后为保全周芷若,跳下万安寺百尺高塔。"我慢条斯理地讲,孩子们听得非常投入。

"所以,现在谁能分析一下灭绝师太的性格特点?"

"武功高强""性情刚烈""无论如何要完成师祖的遗愿""出手极狠""有奉献精神,为保全弟子不惜牺牲自己"……孩子们七嘴八舌地总结。

"我是自叹不如,但我要向她学习,努力提升自己的教学水平、管理班级的能力,与你们父母一起帮每个同学实现升入高中的梦想,特别要学习她出手极狠这一点,我要灭绝咱班的一切不正之风,让咱十一班成为初四级部最优秀的班级,但我需要你们的帮助,可以吗?"

"可以!"孩子们情绪非常高涨。

"但我不喜欢'灭绝师太'这个名字。"我继续说。

"为什么?"孩子们问。

"'师太'两字把我叫老了,我虽年近50,但我心里总感觉自己是你们的同龄人。所以,以后还是不要叫这个名字了吧。"孩子们会心地笑了。

课后,始作俑者的九名同学主动找到我,承认错误,并承诺以后绝不捣乱。我趁机提出让他们担任班长、副班长、纪律委员、体育委员、卫生委员,将他们变成了我的左膀右臂。

案例反思:

在学校,学生给教师起外号的现象并不少见。个别学生给教师起的外号中,善意成分少,侮辱成分居多。面对"起外号"事件,作为受害者的教师该如何处理呢?

"教育,首先是关怀备至地、深思熟虑地、小心翼翼地触及其年轻的心灵。在这里,谁细心,有耐心,谁就能获得成功。"苏联教育家苏霍姆林斯基的话为我们指明了处理"起外号"事件的原则,那就是教师要运用高超的教育艺术,以"关怀备至、深思熟虑、小心翼翼"的细致和耐心教育、感化、引导学生洗涤心灵的"尘埃"。正如苏霍姆林斯基所说:"如果教师缺乏幽默感,就会筑起一道师生互不理解的高墙。"

教育中，幽默的班主任往往能赢得学生的爱戴和敬佩。幽默不是雕虫小技，而是智慧和情感的体现，是一门科学，也是一种艺术。本节课，我选择用幽默的语言同孩子们交流，不仅调节了沉闷的气氛，还让孩子们感受到老师的智慧，从而达到预期的效果。

复印件的问题，我们一起调整原件

菜西市望城街道中心中学　李盈波

案例简介：

大洋（化名），男，六年级学生。他身体强壮，性格开朗。在学习上缺乏目标和动力，上课注意力不集中，卫生脏乱差。出现了明显的厌学行为，并且感觉这都是无所谓的事情。

案例分析：

针对大洋（化名）常常在课堂上发呆，练习题做不完，课文读不熟练，对学习的事情毫无兴趣和知识欠缺不以为然这些事，我跟他聊天发现，在他意识里学不会知识对将来不会有什么影响，想要什么跟爸爸妈妈撒个娇、卖个萌就可以得到。学习时间很长，导致他没有玩耍的时间（每天下午放学后，妈妈会让他去辅导班吃饭并且学习到八点才去接他回家）。

辅导思路和方法：

一、对于家庭教育初干预

（一）了解家庭情况

从我和孩子的谈话中感觉到要解决大洋（化名）厌学的根本问题是在他的

家庭里。于是我开始跟大洋（化名）妈妈电话沟通。从沟通中了解到大洋的爸爸性格懒散，从来不管孩子的学习。妈妈比较急躁，管教孩子简单粗暴，孩子学习不会时经常大声呵斥敲打，后来实在不想辅导孩子，就让孩子依附托辅班管理学习。在物质方面宠溺孩子，孩子稍加央求就满足他，不管是吃的还是玩具。

（二）寻找问题所在

通过跟大洋（化名）妈妈的交流，我发现这是一个"丧偶式"的家庭环境，缺位的爸爸、焦虑的妈妈、放飞的孩子，让整个家庭教育不能形成闭环。让我感到幸运的是大洋（化名）的父母都知道自己的教育方式存在问题，知道对孩子的管教和学习的帮助都苍白无力，自己搞得一团糟，无从下手。他们有想改变现状的强烈意愿。

（三）制定解决办法

针对大洋（化名）家庭成员的现状，我给他们提议要想改变孩子先从改变大人的行为开始。

对于爸爸，我们约定从培养一个用完东西后就把东西放回原位的小习惯开始改变自己，并团结大洋（化名）一起改变，以爸爸的力量给家庭教育作支撑。

对于妈妈，我们约定让妈妈看到孩子的进步或闪光点时不能假大空地表扬，要说出自己看到的情景，让孩子感受到妈妈看见了我的优点，和妈妈心灵同频，脱离对食物和玩具的迷恋。比如"大洋（化名），你今天进门后鞋子摆得真整齐！""大洋（化名），你今天把碗里的饭都吃完啦，真是个空盘小能手！"妈妈也能感受到好好说话给家人带来的温暖，也会使自己幸福感更高。

对于学习，孩子已经有落下的知识了，老师在学校利用课下时间给予孩子帮助。家长在家做好陪伴练习，而不是看管学习。现在孩子对于学科知识是否接受是无所谓的，对于学习任务是抗拒的。更需要家长用心陪伴，去和孩子一起打败困难，而不是孩子在学习，家长在旁边居高临下地管控、斥责。

对于语文的学习可以从读课文开始，每人读两句话，慢慢陪孩子把课文读熟练。对于数学的学习可以让家长一起跟孩子练习口算题，每次 20 道，为孩子计时，为孩子每一次进步鼓掌。这个时候家长可以示弱，让孩子每天赢一次，培养自信心。对孩子的行为进行正强化,慢慢开始与孩子设立小目标,让孩子体验目标达成的快乐。

二、对于学校环境的干预

在学校对于大洋(化名)的进步老师及时发现并给予真实反馈。让孩子知道老师一直在关注他并相信他将来肯定会越来越优秀。不听课、不做题的情况还是会经常出现,但只要老师提醒后大洋(化名)能改正就是进步,就值得肯定与鼓励!

三、对于家庭环境再干预

随着老师的观察,一段时间孩子是有进步的,但是也出现了很大的反弹。于是我和大洋(化名)进行了交流,经过交流得知爸爸每天做到了跟孩子一起改一个习惯。妈妈为了省事每天晚上放学后让辅导班老师把孩子从学校接走,并且在托管班吃完饭后接着学习到晚上 8 点。大洋(化名)说自己非常累,不想学习,想起学习就头疼。这样连轴转的学习经历,使孩子与父母刚建立起来的连接再次断掉,导致孩子疲惫、厌学。

随后我和大洋(化名)父母进行又一次的深入交流。通过沟通和分析,妈妈认识到了让孩子一直在辅导班学习到 8 点,看似自己轻松,其实是揠苗助长,逃避责任,学习的压力全让孩子承担。对孩子刚刚燃起的学习信心是很大的打击,也不利于孩子的身体健康。决定从当晚就把孩子接回家与孩子并肩进步。父母持续性的爱的陪伴是孩子重拾信心最重要的法宝,会给孩子终生成长的力量。

辅导效果:

通过大洋(化名)父母一致的改变,大洋上课发呆的次数越来越少,上课举手回答问题的次数逐渐增加。学习目标明朗,学习动力充足,桌洞干净,整个人的精神状态很饱满。妈妈告诉我,因为有了自己的参与,孩子有现在的进步感觉很欣慰、很幸运。幸好自己能改变自己,静下心来等等孩子的脚步,让孩子重拾学习的信心,更好地参与了孩子的成长。因为自己的改变也让家庭更和谐,更幸福!

案例反思：

大洋（化名）一家的故事让我意识到，学生心理辅导要收到较好的效果，一定要有家庭教育的良好辅助。当发现家庭教育出现问题时要把家长当做朋友，帮助家庭成员矫正不良的教育观念，改善家庭成员相处的模式。

当父母这份原件愿意改变，孩子这份复印件一定会越来越好！由于长期形成的家庭教育模式，在改变的过程中一定会有所反复，我们帮助父母认清事实并接受现状，相信孩子，相信自己，一起温柔而坚定地陪伴孩子成长，孩子一定会遇见更好的自己。

润物细无声　方得始与终

山东省莱西市实验学校　王淑娟

高尔基说过："谁爱孩子，孩子就爱谁，只有爱孩子的人，他才可以教育好孩子。"作为班主任，每天接触的，是几十颗等待滋润的心灵。如何使这一颗颗心灵健康成长？这是我们每一位班主任都要用心思考的问题。心灵的大门是不容易叩开的，可是一旦叩开了，走入学生心灵世界里，就会发现那是一个广阔而迷人的新天地，许多百思不得其解的教育难题，都会在那里找到答案。

有一天课间日常巡视时，我一进教室就发现黑板没擦，刹那间火到了头顶。为了不影响下节课的老师上课，我压制了一下自己的情绪，看了一眼值日生表，故作平心静气地说："陈同学上来把黑板擦一下。"陈同学听到名字后，先是愣了愣，然后上来很不熟练地擦起了黑板，把黑板擦了个大花脸。下课后，我立即找他谈话，我开门见山地问他："你作为值日生，上课之前为什么不擦黑板？这样多影响下节课的学习！"话音刚落，他的眼泪就在眼眶里打转了，表现得很委屈，并低声对我说："擦黑板又脏又累，我不愿意做。"

孩子的这一表现让我陷入了沉思：孩子如此懒惰的原因是什么？为了解决这个疑惑，我对这个孩子进行了家访。通过家访，我了解到，陈同学在家娇生惯养，父母包办的事太多，以至于自理能力弱，什么活也不会做。针对陈同学的情况，我召开了一个以劳动为主题的班会，先给同学们深入讲解了劳动的意义，然后用课件展示学生们在家劳动的成果图片，最后让学生把自己在家做的美食分享给同学们吃，让孩子们在分享中感受到劳动的喜悦。并利用班级代币制，对积极参加劳动的同学进行奖励和表彰。本次班会结束后，陈同学开始行动起来，有了想要劳动的欲望：他会抢着擦黑板，抢着扫地，抢着发作业、收拾讲桌……可是，强烈的欲望却不能立即使他拥有较强的自理能力，他的劳动质量确实不高：黑板还是大花脸，扫地总是会漏掉垃圾，发作业会发错位置，收拾讲桌也不够整洁……面对这种种问题，我依然觉得这是一个良好的开端，孩子"我要劳动"的欲望就是最大的进步和契机。我立即抓住他的这一进步进行了大力的表扬，并耐心细致地教他怎么把劳动做好：不会擦黑板，我就一步步手把手教给他怎样擦黑板；不会扫地，我就一遍又一遍地教给他扫地的小窍门；不会收拾讲桌，我就一边示范一边教给他分门别类收拾物品的小窍门；不会拖地，我就把拖地的所有技巧教给他……可他不是洒得到处都是水，就是好多地方拖不到，那我就和他一起拖。我们就这样一人一个拖把，我一边教给他拖地的技巧，一边跟他聊天。我们从他儿时调皮捣蛋打碎妈妈的护肤品聊到长大后跟父母的矛盾，从他喜欢的体育明星聊到他的爱好画画，就这样一边聊天一边拖地，感情在不断升温，他对我越来越能敞开心扉。陈同学还悄悄告诉我，每天他最期待的事就是跟我一起拖地，原来老师就像妈妈一样亲切。与此同时，我还对他的每一点每一滴的进步都进行了郑重的表扬。他得到了我的表扬之后劳动的积极性更高了。陈同学渐渐学会了更多的劳动技巧，还成了一个爱劳动的好孩子。好的行为习惯带动了学习习惯的培养，陈同学在课堂上的听讲更认真了，学习更高效了，成绩也突飞猛进。他脸上的笑容越来越多，眼神中也透露出越来越多的自信。看着他仿佛迎风绽放的向日葵般的笑容，感受着他浑身上下散发出的朝气和力量,我更加坚信:表扬和激励比简单的说教更有力量!

案例反思:

这件小事虽是我多年班主任经历中的一朵小小的浪花,但这个偶然的机会却让我完成了一次深层次的思考:究竟什么才是真正的教育?我们究竟应该培养怎样的人?怎样培养人?通过此次育人实践,我深知作为班主任要善于发现问题,并以爱为出发点,站在学生的角度考虑如何解决问题,才能引导学生在劳动中成长,在学习中体会劳动的真正含义,五育并举,促进学生的全面发展。

古语云:民生在勤,勤则不匮。热爱劳动自古以来就是中华民族的传统美德,一切伟大创造都是通过劳动获得。在学生"三观"养成的过程中,德智体美劳五育教育缺一不可,看似是一次简单的值日生未按时擦黑板的寻常小事,但教育无小事,只要时机抓得好就会是一次良好的教育契机。教育是人的一项特殊沟通活动,没有良好的沟通就不可能拥有成功的教育。时代在变,孩子的成长环境也发生了巨大改变,单向传导、高压灌输已经不合时宜。教育从爱开始,也由爱走向完美,我们应放下所谓的"架子",既能成为学生求知路上的向导,又要成为学生成人路上的导师。

师者应努力构建与孩子平等交流的平台,少一些生涩的指令,多一点沟通的智慧。如此无需色厉内荏,甘做学生成长路上的铺路石和助推器,让学生沐浴爱的春风,成就一个精彩绽放的明媚人生。

老师,别动我的化妆包

莱西市实验中学　姜　晗

学生为什么会变成班主任最不想让她成为的样子,因为"有时候你拼命逼孩子走一条路,另一条路就显得更有趣一些"。

——题记

课间,一个鼓鼓囊囊的笔袋吸引了我的注意,打开一看,眼影、腮红、眉笔、高光粉等化妆品一应俱全。初二年级的孩子开始注视自我、突出自我,孩子们在探索不同的方式,希望自己可以被别人关注。在我打开笔袋的一瞬间,全班同学都安静了下来,这个女孩子也羞愧地低下了头。

我笑了笑,拍了拍女孩子的肩膀,走向讲台,用大屏幕向学生展示属于80后的独特记忆——非主流图片。孩子们哄堂大笑,我问"这是不是一种美?"学生们你一言,我一语,都不认可这种造型。我笑着说:"爱美是每个人的天性,我们学会选择适合自己的化妆品。青春期可以用水和乳补充适当的水分,体育课前还可以涂一些防晒。"而后,我向同学们展示了从小化妆和不化妆的双胞胎姐妹的对比图片,同学们看到后都很震惊,发现过早使用彩妆会对皮肤造成伤害。接下来,我问:"那么在你心里,美究竟是什么呢?"

思奇说:"美应该像谷爱凌一样,是自信大方的,是健康的。"

昊燃说:"美是腹有诗书气自华,一个很有文化素养的人,即使相貌平平,别人也会从她的谈吐和行为中感受到魅力。"

郑坤说:"我觉得兵哥哥比非主流好看,保卫国家,英姿飒爽。"

我总结了一下,"真正的美是发自内心的,即使是世界顶级美女,看得久了,也能挑出不顺眼的地方。但是如果你有健康的身体、文化的沉淀、爱国的情怀,别人就会很自然地想和你交往。想要得到别人的关注和认可,就要不断地学习,提高自己"。同学们纷纷表示认同。

案例反思:

1. 遇到特立独行的学生,不要一刀切式处理,要看到学生行为背后的内心需求。爱照镜子和化妆的孩子,主要是想得到别人的关注。因此,可以在班级里提供适当的机会,让每一个学生都能够展示自我,得到表扬和鼓励,增强学生自信心。

2. 让学生明白,一个人可以拥有儒雅清新的气质,通过学习不断提升自我,给别人留下比起外貌更加深刻的印象。

3. 接纳学生爱美的天性,提醒学生注意分辨化妆品,以免用到不适合自己的。越能接纳的老师越能看见"最好"的孩子,一份接纳与看见是给青春期孩子最好的礼物。

成为更接地气的自己

莱西市城北学校 朱传婷

作为班主任,班级中有得力的小帮手真的会让自己的工作轻松自如。我的这个帮手不仅是学霸一枚,而且长得帅,智商情商双高,简直就是典型的"别人家的孩子"。

初接触时,就觉得我真是捡到宝了。刚开学时,班级事务较多,比如说整理室内外卫生、分发书、安排好值日、中午用餐……这些小而杂的事情,往往我一说要干什么,他马上就领着学生分工明确地干完了,完全不用我操心。课上,对知识的掌握吸收也迅速,快速"收割"老师们的"芳心"。但是长相处之后发现,老师们不同的声音越来越多,同学们虽然依然能听从他的安排,可是私下里都有点"敬而远之"。"别人家的孩子"怎么了?带着疑惑,我增加了巡课时间和频率,发现在课上他总是两手一插,往后一靠,小组活动不参与,好像只是在看热闹;要不然就是老师讲这个,他在做那个。与同学们的相处也感觉是"高高在上,指点江山"。无论是老师还是学生在面对他的这种行为时,都有一种心里不舒服的感觉。

开始时太多的表扬与自己成绩的优秀很容易让人骄傲甚至有点自我膨胀。是时候与学生交流一下了,要让他懂得"低调做人,成为接地气的人才能走得更长远"。

借着期中阶段性检测的机会，看着他的试卷，我单独找他来一起分析得失。

"觉得这次考得怎么样？有没有达到自己的预期？"

他答道："我考得还挺好的，除了政治，但是我只要努力就上去了，不影响大局，别担心。"

我接着问："其他学科呢，还有没有提升空间了，有没有不该错的呢？数学老师说有道上课讲过的大题咱错了呢！"

"真的？讲过？我没有印象了。"

"是忘记了呢，还是直接没有听呢？通过这段时间的观察，发现上课时老师说到哪个题，觉得自己会了，有时候连听也不听，这样可不行。有点不虚心，不可否认你的优秀，可是当我们走出自己的舒适圈，你会发现比我们优秀的人不计其数，稍微有点自我膨胀了哈，请低调点、虚心点！"

"再多问一句，跟同学们相处得咋样？是不是想跟你一起玩的数不清，都忙不过来啦！"

"我不太跟他们一起玩，觉得没意思，跟不上我的步伐，给他们讲题他们也听不懂。"瞬间把我想跟他交流的行为全都说出来了。

"尺有所短，寸有所长，没有谁是完美的。有没有觉得自己有点不接地气呢。你看我们班刘同学文化课成绩不太理想，可是微机、领导能力杠杠的，安琪同学书法都快赶上'书法大家'了。没有谁比别人高人一等，只是你在这方面比别人占优势，这有什么好沾沾自喜的呢？如果一直这样'高调'，会引起别人的反感。反思一下最近的表现和老师同学们的反应，想一下我们应该怎么做？相信你会找到'正确答案'。"

魏书生先生曾经说过每个人都有自己的优点，这个优点不是让我们骄傲自负的，是让我们来发挥每个人的长处。再说，人是群居性的，我们最终都要回归于集体，我们的生活中需要朋友，不同的朋友，不同的声音。只要认真听，看，我们一定能从他们身上学到我们所欠缺的。请一定"到大众中去，做一个更接地气的自己"！

情商、智商双高的学生不需要一遍一遍地去强调，点到为止就好。几天后姿态上、心理上、行为上低调的他就展现在我们面前。

案例反思：

1. 对于不同的学生，批评和表扬的方式方法可能是不同的，频率也是要适当控制的，"过之、不及" 都是不可取的，过度表扬，学生可能会骄傲自负；过少表扬，学生可能会自卑。怎样恰如其分，需要在监控学生发展的动态过程中去不断调整。

2. 对于"高调"的学生，私下平等的交流更容易让他们去接受。不能单一地评价学生的行为，而是从你、我、他三个角度去传递感受，这样学生才会更容易接受并反思。

唤醒的力量

莱西市济南路小学　沙美玲

"老师您好！您有时间吗？我想和您认真地聊一聊？"

"乐琦妈妈，有什么事？"

"今天晚上我把乐琦吓傻了，孩子现在把自己关在屋里不出来。想请您帮忙劝劝。"

"怎么回事？"

"因为孩子今天有一道题不会，我给她讲也讲不会，我火了。倒是没有去打她，只是用牙签戳我自己的手背，戳出的血吓到孩子了，我怕给孩子留下心理阴影，所以想请您明天帮忙做做孩子思想工作……"孩子妈妈边说边哭了起来。

乐琦是个安静的小女孩，话很少，平日里与同学交流也少，做起事来总是小心翼翼的。这个孩子是今年合点并校过来的学生，在原来的学校只有十几名学生的班级里是比较优秀的,合校后学习成绩不如以前,家长着急。

我了解到这位家长已经对孩子发好几次火了,这次最严重,孩子已经吓得不知所措。了解这种情况后,我与家长进行了深度交流,告诉家长这种焦虑会使自己产生情绪化的反应,如果经常处于这种自动化和情绪化的养育模式,就会影响亲子关系,也会失去体验孩子成长的幸福。家长应及时了解新的教育政策,多吸收一些新的教育方式,给孩子一点空间,让她自己往前走,放平心态陪着孩子慢慢成长,她终会在某个时刻绽放出她特有的光芒。

在学校里我时刻关注这个孩子,利用空闲时间与她一起谈心、一起吃午饭,课堂上多多关注孩子的学习情况。乐琦这个孩子内向、胆怯,我就引导班级小干部开导她,与她玩耍。慢慢地,这个孩子的脸上露出了甜甜的笑容,变得越来越开朗、自信了。有一天她跑到我跟前笑着跟我说:"老师,我以后会努力的!"我想这是我们每个老师最爱听的天籁般的声音吧。

案例反思:

一、唤醒孩子成长的内驱力

教师要以仁爱之心,关注到班里的每一位学生,特别是那些不自信、内向、上课注意力不集中、学习困难的学生,和他们谈心,给予他们关爱,和他们家长交流,共同商讨在家的引导措施,给每一朵美丽的小花,寻找到绽放的方式。

于漪老师说过:鸡蛋如果从外面敲碎了,顶多做一碗菜;如果说这个鸡蛋是从内部戳破,这是生命的孕育和发展,才会有无限的智慧和潜力。——这就是唤醒的力量。

二、唤醒家长育人的模式

家长在教育上的出发点是好的,但方法和方式上欠缺太多,很多时候扼杀了孩子的学习兴趣。没有不爱学习的孩子,跟随孩子成长的脚步,以大自然、运动、阅读、生活的各方面顺从孩子的本心,让她们自然成长。决定孩子一生的不是学习成绩,而是健全的人格培养。

不管家长还是老师,只要我们放慢脚步,给孩子一个广阔的空间,倾听他们内心的声音,变通自己的教育方式,我们定会从这些桃李树的浓荫里收获一枚枚成熟的果实。

诗意生活,美丽成长

——家长如何指导孩子更好地过暑假

山东省莱西市实验学校　王淑娟

假期开始后第一个周的周末早晨,一个电话打破了清晨的宁静,我拾起电话,原来是我班小晨的妈妈打过来的,刚接通电话,小晨的妈妈就带着无奈的语气跟我倾诉,越说越激动,越说越委屈,情到深处,竟在电话那端抽噎了起来。我大致了解了事情的原委,让小晨的妈妈不要激动。

事情是这样的:小晨的妈妈是一位事业单位的职员,每天需要按部就班地忙着单位上分派的工作,忙的时候加班加点是常有的事,有的时候甚至需要出外勤去外地出差。多年的工作经历和她对社会的了解让她对孩子的学习和以后的成长工作有着非常明确的打算和要求。在单位里她也是一个很要强的人,经常和同事交流育儿经验,有的时候也会为她孩子的优秀而沾沾自喜,对工作、对生活充满着热情。

有一次和同事的闲聊深深地触动了她,让她对孩子的教育变得越来越迫切。单位同事说自己的孩子从小品学兼优,而且自幼儿园开始就根据孩子的年龄报了很多兴趣班,绘画、舞蹈、钢琴、跆拳道、围棋等,每个周末全家总动员,上下午晚上时间全部占满,孩子在成长的过程中学会了很多技能,钢琴六级,跆拳道一级,参加了全国少儿绘画比赛并获得二等奖……从同事的话语中分明能感觉到那种由内而外的骄傲,言者无心,听者有意,同事的话语深深地刺痛了小晨妈妈的心。自孩子五年级起,每个寒暑假雷打不动地给孩子报了3个特长班:

书法班、舞蹈班和钢琴班,已经持续了三年时间,看着孩子从刚入门到现在的有模有样,小晨的妈妈打心眼里高兴,终于不用羡慕别人家的孩子了。本来以为孩子有了这么多的兴趣特长,以后的人生选择就可以多元,甚至开始憧憬孩子以后的人生该会是何等的精彩。可是这个暑假的第一个周孩子与自己发生了激烈的争吵,把她的美梦击个粉碎,孩子告诉妈妈再也不想上这几个特长班了,觉得没有一点意思,自己也没有太大的动力,让她不要浪费钱,也不要浪费她的时间了,小晨的妈妈听到孩子竟然说出这样的话失手打了孩子一下,矛盾就这样爆发了。

给我打电话的时候小晨的妈妈说自己从家里跑出来,说她的一颗真心却没有换来孩子的感恩与知足,得到的却是孩子的埋怨与指责,她想不通别人家的孩子为什么就可以那么优秀,自己的孩子假期过得一塌糊涂……听完小晨妈妈的诉苦,我尝试让她平复自己的情绪,躁动不安的心对解决假期亲子关系于事无补,简单粗暴只能适得其反。如何让孩子高质量地度过一个有意义的假期也是困扰我许久的问题,不过我还是给小晨的妈妈谈了我的几点建议:首先,每个人都是独一无二,不可复制的。别的家长对子女的规划与安排未必适合自己的孩子,要真正认识自己的孩子,而不是仅仅模仿别人的做法。其次,要相信每个孩子都是一朵含苞欲放的花,只不过有着自己的花期,我们要做的是积极地引导,耐心地等待,静候花开!不要把自己未曾实现的梦想强加到孩子身上,这对孩子来说不公平,也不利于孩子的身心健康成长。最后,给孩子报兴趣特长班有没有跟风之嫌,盲目给孩子报各种兴趣班可能会让孩子彻底失去对事物探索求知的欲望。当一味地被动接受成了习惯时,孩子主动求知的兴趣可能就荡然无存了。听完我的话,小晨的妈妈表示自己要好好地反思一下自己的教育方式,梳理孩子的成长历程,时机合适再与孩子沟通。

案例反思:

以往大多数孩子假期的组合基本上是"假期作业+兴趣班+外出旅游+家里玩",假期的这次交流,也让我深刻反思在教育部"双减"政策背景下,如何家校一致让孩子减负增效,如何打破重塑,让家长更好地引导孩子过好假期?我不禁想起一段母亲写给儿子的文字:孩子,我要求你读书用功,不是因为我要你跟别人比成绩,而是因为,我希望你将来会拥有选择的权利,选择有意义、有时间的工作,而不是被迫谋生。当你的工作在你心中有意义,你就有成就感。当你的工作给你时间,不剥夺你的生活,你就有尊严。成就感和尊严,给你快乐。所谓输在起跑线是一个伪命题,每个孩子都有自己的花期,家长作为护花使者,既需要细心呵护,也需要让花儿接受风雨的洗礼,总有一天,花儿会开,恣意绽放,不惧流光。作为家长,孩子是自己实现梦想的延续,但并非自己的复制品。应该多一分耐心和诚心,悉心观察、主动发现孩子的兴趣并引导孩子的兴趣生根发芽;通过充分的预设和酝酿,创设情境激发孩子的行为;做好高质量的陪伴,孩子的成长过程是不可逆的,所以让这份"最长情的告白"来得更真实而具体。

　　一次看似寻常无奇的通话,唤起的是关于假期家庭教育的宏大命题,我认为家庭教育在当下"三位一体"的教育生态中是最基础、最真实、最重要的教育;"对双亲来说,家庭教育首先是自我教育",家长更要进行不断学习,做子女成长路上的知情者、陪伴者、同行人;家长不能忽视孩子在学校的表现,做好家校沟通,真正在学校这个平台实现"家长 + 孩子"的双向奔赴。"双减"背景下,孩子假期少了许多重复作业的时光,有了对美好生活,诗意日子的更多遐想;当然,假期亦是成长拔节季,需要孩子们做好规划与落实,学会自律与坚持,让自己获得美丽的成长。家长应该理性陪伴,暖心助力,营造和谐温馨令人羡慕的亲子关系,陪孩子度过一个诗意美丽的假期!

"小魔女"变形记

莱西市实验中学　迟金玲

　　周二上午第三节是初二六班的数学课,距离上课时间还有 5 分钟,就在我正收拾书本,准备上楼时,值日班长跑进办公室告诉我,班里出事了,让我快去看看。

刚到六班门口,就有几个孩子围住了我,七嘴八舌地给我讲述着事情的来龙去脉:历史老师让张扬跑完操去办公室交作业,张扬下操后跑进教室拿作业,被万博宇挡了一下,把惜墨的桌子碰倒了,书本散落一地,跑操前未喝完的奶也洒在了书本上。惜墨愤怒极了,冲到张扬的桌子旁,将其桌子上的东西一股脑的扒拉到地上了。末了,恨不过,还狠狠地跺了几脚。

"惜墨,又是她,跟任何人、任何事都能计较的上手打人的小女孩。"我心里默默地想着。"张扬怎么做的呢?"

孩子们说:"张扬没吭声,瞪了惜墨几眼,就和同学们一起把地上的书捡起来了。"

"张扬还挺会控制自己的情绪来。"我笑着说。

孩子们马上说道:"不过张扬收拾完东西,过去朝着惜墨小声嘟囔:'小魔女,你也太小心眼了吧。'这时惜墨更加生气了,从座位上跳起来掐了张扬的手一下,然后坐在座位上哭起来。"

了解了事情的来龙去脉,我让孩子们进入教室。因为下节课是我的数学课,我也就顺势提前进入了课堂。

教室里鸦雀无声。

不知道同学们是被刚才的情形吓到了,还是在等老师的态度……

我清了清嗓子,故作轻松地说:"张扬,请你起来谈谈刚才发生的事,你是怎么想的?"

"我碰倒她的桌子,当时我觉得特别不好意思,本来想道歉,帮她捡起东西,事后再买盒奶送给她,结果没等我做,她就把我的东西给摔地上了,我很生气,就口不择言说她是小魔女。"

张扬说话的时候,我悄悄地瞟了一眼惜墨,她那愤怒的样子缓和了许多。

我又问:"同学们,如果你是惜墨,遇到这事,你会怎样处理?"

同学们你一言我一语:"我会让他帮我捡起来。""我会斥责他。""我会很生气,憋在心里。""我会……"孩子们七嘴八舌地说着。

我接着他们的话茬:"在这场事件中,我觉得张扬一开始不是故意的,也没有造成不可弥补的过失,却遭到了惜墨的疯狂报复,在此我深表同情,安慰一下他那颗受伤的小心灵。但是,张扬做事毛躁,不计后果,如果放任,不加以修炼,只要有炸药包存在,他早晚都要引爆,他这个爆破手早晚会被炸得面目全非。"

孩子们都哈哈地笑起来,我特意望向张扬,他也嘿嘿地笑着,不住点头。

我又接着说:"惜墨明明是个受害者,理应得到老师的安慰,同学们的同情,最后却惹得大家不满。明明是个受害者,却变成了施害者,说白了还是自己的智慧不够啊。在这里,我传授惜墨几个妙招,顺便也惠及其他女同学。大家可愿意听?"

"愿意!愿意!"同学们的情绪一下子上来了。

"遇到这种主观上不是故意的,客观上也没有造成不可弥补的损失的,聪明智慧的女孩是可以这样处理的:

一是宽容他,好女不跟男斗。人总是要犯错误的,有时宽容对方,给犯错的人一个自我认识错误、改正错误的机会,远比直接惩罚他的效果要好得多。

二是发挥小女孩的淑女优势。转脸朝张扬娇嗔道:'哎呀,你干吗呀!'然后,一脸不悦,一声不吭地收拾散落地上的书本。这样能让张扬愧疚得改正自身的毛病。

三是采用一连串'狠'的策略。当发现书本散落且被打湿时,惜墨同学也可以尖叫一声,然后回头恶狠狠地剜张扬一眼,眼神里还可以射出'恨恨'的光芒,然后一声不吭地收拾烂摊子。张扬从惜墨的眼神里看到了不满、怨恨,他内心一定是忐忑不安的,甚至是恐惧的。

看看,今天惜墨同学的戏演过了,竟然从淑女堕为小魔女,太可惜了。

请惜墨同学记住:'要做情绪的主人,不要肆意发泄情绪,这样才能让你成为一个小淑女。'"

同学们以热烈的掌声表达了对我的认可。

案例反思:

首先,遇事冷静,心态从容,对班级的孩子有较深入的了解,处理起事情方可有理有度。

其次，营造良好的班级氛围，日常之际，大家和谐相处，互助互帮。偶有摩擦，大家也可以"一笑泯恩仇"。

第三，以自己的人格魅力赢得学生的信任，他们可以敞开心扉跟你说说自己的心事，表达自己的观点，畅所欲言，不掩藏，那么，当发生问题的时候，自然就可以积极应对，相信一定会处理好。

第四，走进学生的内心，将心比心，站在学生的立场看问题，拉近与他们的距离，处理起来当然更容易。同时，积极引导他们正确的价值取向，逐渐形成正确的人生观。

第五，点评学生的行为，尊重客观事实，就事论事，力求大事化小，小事化了，将问题消弭于无形之中，引领班级成长为一个积极向上、文明进取的优秀团队。

反其道而行

莱西市实验中学　潘泽群

从刚当上班主任开始，我就一直在给学生强调纪律的重要性，也制定了班规，值日班长制度。有时候脾气一上来就狠狠地把学生批评一顿，当时的效果确实是立竿见影，但总有孩子不自觉，不能持之以恒地做到自律自觉。

一次班会课，开完班会之后离下课还有一段时间，我便让学生们写写作业，然后找个别学生到办公室单独谈话，了解他们最近的学习生活情况。跟学生们聊完之后，我准备回教室，还没走到教室门口就听见教室里呜呜咽咽的声音，我一下子就火了。

我猛地推开门，怒气冲冲地站在教室门口，教室瞬间安静了，所有人都抬起头来,看了一眼又低下了头,当时我真想揪出几个来大骂一顿,但是又不知道是谁说话声音最大,但是我尽可能地压住怒火,努力地控制着自己。无数次的经验告诉我,这个时候把学生痛骂一顿对以后的班级管理起不到效果,一旦说出过分的话,冷静下来之后还要做工作去弥补,但是对于学生的行为,我必须采取措施让他们真正明白遵守纪律的重要性。

我的大脑在迅速思考,我该怎么去做怎么去说。在沉默了几分钟之后,我走到讲台上:"我刚离开一会,你们就这么吵,我非常生气,也非常难过,同时我也很自责,我需要自我反思一下跟大家相处以来对你们的教育为什么如此失败。"我一边说,一边观察学生的状态,学生们头低得很深,有的还紧锁着眉头,我接着说:我觉得自己不是一个称职的班主任,可能是我的能力有限,没有让你们成为一个自律的人,平时大家跑操跑得不好我会罚大家多跑几圈,现在我决定自罚十圈,随后我就向操场跑去。

跑到第二圈的时候几个班干部来找我,我示意他们什么都不要说,等我跑完。终于跑完了,我气喘吁吁地回到教室,脸上的汗水不断地往下滴,我仔细地观察着每一位学生表情,他们似乎是被我的行为所震撼,从很多懂事的孩子的眼神中我也看到了一丝惭愧和内疚,这对他们来说肯定是一种心灵的煎熬。

最终还是由我打破这种沉默的气氛:如果你们平时的纪律都像现在这样,我肯定是非常自豪的。我希望我带出来的学生都能严以律己,做一个自律的人。我相信大家都不会让我失望,对吧?每个人都瞪大了眼睛望着我,看得出来,他们都备受鼓舞,我知道,我的目的达到了。

那天以后,经常从任课老师那里得到反馈班级的纪律越来越好,我也再没有因为纪律问题跟学生发过火。

案例反思:

班主任的工作总的来说应及时激发学生的主观能动性和内驱力,达到自主学习自我管理的最高境界。我们说对于违反纪律的学生,教师可以进行适当的惩戒,有的时候适时运用自我惩戒,抓住学生的心理弱点,让他们从内心认同自己的错误,让自己的良心受到谴责,会更好地起到触动作用。

当学生犯错误时,要冷静,不要盲目、冲动,可以适时地承揽学生的错误,一方面可以缓解学生的压力,另一方面也让学生觉得你是值得信任的,表面上老师丢了面子,实际上这是给学生做了正确的榜样,赢了里子。

以爱心换细心

莱西市实验中学　姜　晗

生活、工作、学习倘使都能自动，则教育之收效定能事半功倍。自动是自觉的行动，而不是自发的行动。自觉的行动，需要适当的培养而后可以实现。

——陶行知

周一一大早,浩展非常焦急地来我办公室借手机,让妈妈来给他送作业。这已经是浩展第三次忘记带作业了。15分钟后,我的手机响起。我放下正在批阅的作业,快步下楼,小跑到校门口。远远看到浩展妈妈又着腰,倚着栏杆气喘吁吁,努力向我招手。"不好意思老师,这孩子总是丢三落四的。我上班快迟到了,先走了,谢谢老师!"看着孩子妈妈额头上豆儿大的汗珠,百米赛跑似地冲向出租车,我心里五味杂陈。回教室的路上,我思考着应该如何让浩展养成收拾书包的好习惯。

我们班教室在4楼,我的办公室在1楼,平日里,我在教室后面有一张专门的办公桌用来放教学资料。今天,我特意空着手上楼,刚一进教室,对正在喝水的浩展焦急地说:"浩展,老师忘带卷子了,能帮老师拿一下吗?"浩展只好放下杯子,小跑去一楼,等浩展上来,刚好打铃了。浩展长呼一口气:"还好我跑得快。"

等到了第二节课间,我又说:"浩展,我忘带鼠标了,你能帮我拿一下吗?"浩展看着我,有些为难地说:"老师,我上节课的题目还没有整理完。"我继续问:"那你午休再整理,可以吗?"浩展挠挠头,说:"老师,如果我中午不睡觉,下午的课就会犯困。"其他同学也都看了过来,我笑了笑,问同学们:"从教室跑向办公室,和从家跑向学校相比,哪一个更辛苦呢?"大家都异口同声地说从家到学校更远,而且路上还有红绿灯,心里更焦急。我又问:"如果爸爸妈妈来给同学们送作业,会不会影响到自己的工作呢?"

婉彤说:"爸爸妈妈可能会迟到,被领导批评,影响一整天的心情。"

新航说:"如果他们已经到公司了,还过来给我们送作业,就需要把自己的工作停下来,从而影响整个团队的效率。"

雅君说:"爸爸和妈妈不想耽误自己的工作,如果他们互相推脱,都想让对方给孩子送作业,可能还会为此吵架,影响家庭和谐。"

接下来,我让大家谈一谈,我们应该怎样做,才能避免忘带作业呢?

安然说:"我们可以写完一门作业,就直接放进书包中,等写完所有科目的作业,再对照作业单,检查一遍书包。"我赞赏地点了点头,肯定了安然的好方法。

雨辰说:"如果我们没有带作业,应该向老师主动承认错误,如果时间来得及,就自己回家拿。或是利用中午自习时间重新写一遍,自己的错误自己承担,就再也不会忘带作业了。"我竖起大拇指,给雨辰点了一个赞。

浩展说:"老师,我明白您今天为什么让我给您送东西了,以后我一定养成收拾书包的好习惯,体谅爸爸妈妈,主动承担起自己的责任。"大家纷纷将掌声送给了浩展。

案例反思:

心理学家说:"想要知道梨子的味道,最好的方法就是去尝一口。"如果不去尝试,即使老师描绘得再精彩、再准确,学生也无法真正地了解。事必躬亲,这也是行的重要。学生自己体验辛苦,才能获得真正的智慧。

培养学生自立自主的习惯不是一蹴而就的事情,需要学生思想上坚定,行动上从点滴小事做起。首先,我们要给学生信心,先确定一些小的、容易实现的目标,让学生在成功的体验中感受到独立的快乐,进而增强独立的信心。

其次,对于青少年来说,学会自立就要摆脱依赖心理,自己的事情自己做。

现阶段,青少年学习任务繁重,又面临着未来激烈的竞争,但这不该成为"饭来张口、衣来伸手"的理由,鼓励学生动手做力所能及的事情,比如,洗衣服、做饭、整理自己的房间等,在这些小事中找到独立的勇气、自信和乐趣。

最后,学生在做这些事情的时候,要注意自觉地去做,即便是父母想帮你,也应尽量谢绝。还要及时地去做,鞋袜脏了,应及时刷洗,书桌乱了,要随手收拾,养成这种自我服务的生活习惯。最重要的一点是认真去做,并努力做好。对自己没做过的事也要锻炼着做,这样才能增强自己的自立能力。